GUIA VISUAL DA CONTABILIDADE

Osvaldo Ramos Tsan Hu

GUIA VISUAL DA CONTABILIDADE

Uma forma prática e descomplicada para aprender contabilidade, seja você estudante, empreendedor ou profissional de área não contábil

ALTA BOOKS
EDITORA
Rio de Janeiro, 2018

Guia Visual da Contabilidade — Uma forma prática e descomplicada para aprender contabilidade, seja você estudante, empreendedor ou profissional de área não contábil
Copyright © 2018 da Starlin Alta Editora e Consultoria Eireli. ISBN: 978-85-508-0314-2

Todos os direitos estão reservados e protegidos por Lei. Nenhuma parte deste livro, sem autorização prévia por escrito da editora, poderá ser reproduzida ou transmitida. A violação dos Direitos Autorais é crime estabelecido na Lei nº 9.610/98 e com punição de acordo com o artigo 184 do Código Penal.

A editora não se responsabiliza pelo conteúdo da obra, formulada exclusivamente pelo(s) autor(es).

Marcas Registradas: Todos os termos mencionados e reconhecidos como Marca Registrada e/ou Comercial são de responsabilidade de seus proprietários. A editora informa não estar associada a nenhum produto e/ou fornecedor apresentado no livro.

Impresso no Brasil — 1ª Edição, 2018 - Edição revisada conforme o Acordo Ortográfico da Língua Portuguesa de 2009.

Publique seu livro com a Alta Books. Para mais informações envie um e-mail para autoria@altabooks.com.br

Obra disponível para venda corporativa e/ou personalizada. Para mais informações, fale com projetos@altabooks.com.br

Produção Editorial Editora Alta Books	**Produtor Editorial** Thiê Alves	**Marketing Editorial** Silas Amaro marketing@altabooks.com.br	**Vendas Atacado e Varejo** Daniele Fonseca Viviane Paiva comercial@altabooks.com.br	**Ouvidoria** ouvidoria@altabooks.com.br
Gerência Editorial Anderson Vieira	**Produtor Editorial (Design)** Aurélio Corrêa	**Gerência de Captação e Contratação de Obras** autoria@altabooks.com.br		
Assistente Editorial Ian Verçosa				
Equipe Editorial	Bianca Teodoro	Illysabelle Trajano	Juliana de Oliveira	
Revisão Gramatical Equipe Alta Books	**Diagramação** Equipe Alta Books	**Capa** Aurélio Corrêa		

Dados Internacionais de Catalogação na Publicação (CIP) de acordo com ISBD

T877g   Tsan Hu, Osvaldo Ramos

Guia visual da contabilidade: uma forma prática e descomplicada para aprender contabilidade, seja você estudante, empreendedor ou profissional de área não contábil / Osvaldo Ramos Tsan Hu. - Rio de Janeiro : Alta Books, 2018.
280 p. ; il. ; 24cm x 17cm.

Inclui bibliografia.
ISBN: 978-85-508-0314-2

1. Contabilidade. 2. Área Contábil. 3. Manual. I. Título.

2018-672
CDD 657
CDU 657

Elaborado por Vagner Rodolfo da Silva - CRB-8/9410

Erratas e arquivos de apoio: No site da editora relatamos, com a devida correção, qualquer erro encontrado em nossos livros, bem como disponibilizamos arquivos de apoio se aplicáveis à obra em questão.

Acesse o site www.altabooks.com.br e procure pelo título do livro desejado para ter acesso às erratas, aos arquivos de apoio e/ou a outros conteúdos aplicáveis à obra.

Suporte Técnico: A obra é comercializada na forma em que está, sem direito a suporte técnico ou orientação pessoal/exclusiva ao leitor.

A editora não se responsabiliza pela manutenção, atualização e idioma dos sites referidos pelos autores nesta obra.

Rua Viúva Cláudio, 291 — Bairro Industrial do Jacaré
CEP: 20970-031 — Rio de Janeiro - RJ
Tels.: (21) 3278-8069 / 3278-8419
www.altabooks.com.br — altabooks@altabooks.com.br
www.facebook.com/altabooks

Tudo deveria se tornar o mais simples possível, mas não simplificado.

ALBERT EINSTEIN

SUMÁRIO

INTRODUÇÃO 1
PREFÁCIO 2
AGRADECIMENTOS 4
ABREVIATURAS 5
LEGENDA 6
MOTIVAÇÃO 7
APRESENTAÇÃO DO MÉTODO 9
  OS EXERCÍCIOS PASSO A PASSO 12
  RECOMENDAÇÕES 13
CANVAS 14
TRABALHOS CORRELATOS 15

CONCEITOS 17
CONTABILIDADE 19
  LINHA DO TEMPO DA CONTABILIDADE 20
  PRINCÍPIOS CONTÁBEIS 22
  DEMONSTRAÇÕES FINANCEIRAS 23
BALANÇO PATRIMONIAL 24
  ATIVO 26
  PASSIVO 27
  PARTIDA DOBRADA 29
  BALANCETE DE VERIFICAÇÃO 30

SALDOS INICIAIS 31
SALDOS INICIAIS 33
  MONTAGEM DOS SALDOS INICIAIS 34
  EXERCÍCIO PASSO A PASSO I 36
  EXERCÍCIO PASSO A PASSO II 38
  EXERCÍCIO PROPOSTO I 40
  EXERCÍCIO PROPOSTO II 41
  EXERCÍCIO PROPOSTO III 42
  EXERCÍCIO PROPOSTO IV 43
  EXERCÍCIO PROPOSTO V 44
  EXERCÍCIO PROPOSTO VI 45

LANÇAMENTOS CONTÁBEIS 47
LANÇAMENTOS NO BALANÇO 49
  LIVRO DIÁRIO 51
  EXERCÍCIO PASSO A PASSO I 52
  EXERCÍCIO PASSO A PASSO II 62
  EXERCÍCIO PROPOSTO I 72
  EXERCÍCIO PROPOSTO II 74
  EXERCÍCIO PROPOSTO III 76
  EXERCÍCIO PROPOSTO IV 78
  EXERCÍCIO PROPOSTO V 80
  EXERCÍCIO PROPOSTO VI 82

DEMONSTRAÇÃO DE RESULTADOS 85

DEMONSTRAÇÃO DE RESULTADOS DO EXERCÍCIO 87

DRE *87*

RECEITAS *87*

GASTOS X DESPESAS X CUSTOS 88

GASTOS *88*

DESPESAS *88*

CUSTOS *89*

A DEMONSTRAÇÃO DE RESULTADOS *90*

DEPRECIAÇÃO *92*

MARGEM DE CONTRIBUIÇÃO *94*

CONTABILIZAÇÃO COM O DRE *95*

EXERCÍCIO PASSO A PASSO I *96*

RESPOSTA DO EXERCÍCIO *107*

EXERCÍCIO PASSO A PASSO II *108*

EXERCÍCIO PROPOSTO I *120*

EXERCÍCIO PROPOSTO II *122*

EXERCÍCIO PROPOSTO III *124*

EXERCÍCIO PROPOSTO IV *126*

EXERCÍCIO PROPOSTO V *128*

EXERCÍCIO PROPOSTO VI *130*

FLUXO DE CAIXA 133

DEMONSTRAÇÃO DE FLUXO DE CAIXA 135

MODO DIRETO E MODO INDIRETO *137*

REGIME DE CAIXA E DE COMPETÊNCIA *143*

LANÇAMENTOS USANDO O FLUXO DE CAIXA .*144*

EXERCÍCIO PASSO A PASSO I *146*

EXERCÍCIO PASSO A PASSO II *164*

EXERCÍCIO PROPOSTO I *182*

EXERCÍCIO PROPOSTO II *186*

EXERCÍCIO PROPOSTO III *188*

EXERCÍCIO PROPOSTO IV *192*

EXERCÍCIO PROPOSTO V *194*

EXERCÍCIO PROPOSTO VI *198*

USANDO A CONTABILIDADE 201

A CONTABILIDADE GERENCIAL 203

ANÁLISE DAS DEMONSTRAÇÕES 204

ANÁLISE HORIZONTAL 205

EXERCÍCIO PASSO A PASSO *208*

EXERCÍCIO PROPOSTO I *210*

EXERCÍCIO PROPOSTO II *211*

ANÁLISE VERTICAL 212

EXERCÍCIO PASSO A PASSO..................214
EXERCÍCIO PROPOSTO I 216
EXERCÍCIO PROPOSTO II..................217
ANÁLISE DE ÍNDICES..................219
EXERCÍCIO PASSO A PASSO.................. 226
EXERCÍCIO PROPOSTO I 230
EXERCÍCIO PROPOSTO II..................232
CONTABILIDADE E TRIBUTOS 235
ORGANIZAÇÃO TRIBUTÁRIA 236
TIPOS DE TRIBUTOS..................237
FORMAS DE CLASSIFICAÇÕES DOS TRIBUTOS.................. 238
CUMULATIVIDADE E RECUPERAÇÃO DE IMPOSTOS 240
PRINCIPAIS IMPOSTOS: IPI 241
PRINCIPAIS IMPOSTOS: ICMS..................242
PRINCIPAIS IMPOSTOS: IRPJ 243
EXERCÍCIO PASSO A PASSO I 244
EXERCÍCIO PASSO A PASSO II..................246
EXERCÍCIO PROPOSTO I 248
EXERCÍCIO PROPOSTO II..................249
EXERCÍCIO PROPOSTO III 250

EXERCÍCIO PROPOSTO IV..................251
EXERCÍCIO PROPOSTO V 252
EXERCÍCIO PROPOSTO VI..................253

REFERÊNCIAS BIBLIOGRÁFICAS **255**
REFERÊNCIAS BIBLIOGRÁFICAS 257

ANEXOS..................**259**
RAZONETES, DÉBITOS E CRÉDITOS 261

SEÇÃO 1
INTRODUÇÃO

PREFÁCIO

Esta alternativa de entendimento da Contabilidade, proposta pelo professor Osvaldo Ramos Tsan Hu, e que o levou a redigir esta obra, apresenta uma forma intuitiva e bastante agradável de aprendizado. Esta proposta evita todos os inconvenientes do aprendizado que normalmente se encontra no estudo convencional da Contabilidade. Acrescenta progressivamente uma sequência de informações, que, de forma criativa e consistente, resulta no desenvolvimento dos princípios praticados pelo registro adequado das transações de uma empresa, permitindo o entendimento dos resultados e a sua correta interpretação.

Atualmente encontram-se diversos grupos de pessoas que se interessam pela Contabilidade. É muito comum encontrar profissionais de diversas áreas de atuação que precisam dos conhecimentos da Contabilidade como instrumento para atuarem com segurança e competência em suas atividades profissionais. Algumas áreas como a Administração de Empresas, a Economia e a Engenharia têm um vínculo natural com a Contabilidade. Outras áreas como o Direito, a Saúde e diversos outros segmentos das ciências humanas, muitas vezes, acreditava-se, teriam pouca ou nenhuma necessidade de conhecer os elementos contábeis. Porém, diante do empenho em entender, administrar e gerir qualquer negócio, todos acabam percebendo a importância dos relatórios e registros contábeis. Cada vez mais aumenta a quantidade, não apenas de profissionais e estudantes, mas de pessoas de qualquer área que aplicam os conceitos contábeis de forma frequente. Torna-se, além de uma exigência profissional, um requisito fundamental de conhecimento. O conteúdo deste livro, além de facilitar a revisão de conceitos, facilita o aprendizado daqueles que desejam e queiram complementar sua formação com os elementos dos processos envolvidos na Contabilidade. Fornece o conhecimento necessário sobre uma empresa, podendo fazer contribuições sobre a gestão da instituição.

É numerosa a quantidade de cursos acadêmicos que não tem como preocupação central o entendimento e a interpretação do material fornecido pela Ciência Contábil. Por diversas vezes, mesmo nos cursos de graduação que apresentam a necessidade de ensinar os conhecimentos contábeis, instrui-se os participantes a "fazer a contabilidade" e não a interpretar e ler de forma clara e correta os principais resultados fornecidos pelo processamento contábil. Os estudantes e outros profissionais que atendem a estes cursos dedicam muito tempo elaborando os lançamentos contábeis, escriturando livros razão, fechando balancetes e apurando resultados, ao invés de ter seu interesse conduzido para as interpretações do conteúdo dos relatórios contábeis que são gerados pelas empresas e organizações.

Estes fatos não constituem novidade para quem se dedica ao ensino da Contabilidade a não contadores. Existem dezenas de obras que foram desenvolvidas partindo-se deste pressuposto. Algumas destas obras até atingiram sucesso e contribuíram para a formação de muitos profissionais capazes de interpretar os Relatórios Contábeis, mesmo não sendo contadores de formação. Porém, a forma simples e clara apresentada pelo professor Osvaldo Ramos Tsan Hu, certamente se diferencia das demais, e permitirá que diversos profissionais também atinjam este sucesso de maneira mais fácil. Esta obra fornece diversos detalhes do processo contábil. Facilita a compreensão e a interpretação dos relatórios gerados pela Contabilidade. Insere todos no universo da ciência contábil aumentando a capacidade e compreensão sobre o assunto.

A aplicação da técnica CANVAS permite uma visualização bastante simples e abrangente de todo o ciclo contábil. O estudante pode conhecer todos os desdobramentos do processo de contabilização e ainda de como interpretar os relatórios gerados pelo método. A técnica do CANVAS foi desenvolvida por Alexander Osterwalder, inicialmente para permitir um meio bastante didático de visualizar todas as informações necessárias para a compreensão de um problema, especificamente em suas aplicações voltadas para a construção e compreensão de um modelo de negócio. A aplicação do CANVAS ao ensino da Contabilidade, como idealizada pelo professor Osvaldo, apresenta toda a abrangência necessária para se conseguir realizar as interpretações contábeis, necessárias a qualquer profissional, inclusive dos próprios estudantes de Contabilidade.

As ilustrações, que foram elaboradas pelo próprio autor, representam mais um importante diferencial desta obra e torna a leitura mais agradável ainda. Incorpora elementos visuais e faz que o estudo da Contabilidade, por todos os interessados, tenha um prazer adicional. Tenho certeza de que todos vão apreciar bastante o estudo dos princípios contábeis a partir da leitura desta obra do professor Osvaldo.

Prof. Dr. Sergio Lex

Diretor da Escola de Engenharia da Universidade Presbiteriana Mackenzie

AGRADECIMENTOS

Existem várias pessoas que me ajudaram efetivamente na confecção deste livro

e para todas elas devo uma eterna gratidão.

Quem mais me auxiliou foi o meu filho Yuri, que me criticou muito a ponto de ter que alterar toda a formatação do livro, passando de uma linguagem corrente para uma linguagem visual. Ele elaborou diversas tabelas e páginas, sugerindo layouts e formas de apresentação.

Outras pessoas que me auxiliaram muito foram a minha esposa, Maria do Carmo, a minha filha Natasha e o Raphael, que efetuaram várias correções de texto. Eles foram o meu termômetro quando falavam "Não entendi nada do que você escreveu", me fazendo rever inúmeras vezes os textos que escrevia.

Alguns colegas professores me ajudaram na confecção do livro fazendo várias criticas e sugestões. São eles:

Prof[a]. Msc. Erika Borges Ferreira, da Universidade Presbiteriana Mackenzie, que revisou o livro e o método proposto já na etapa final de lançamento, apontando várias correções e sugestões de melhoria.

Os professores abaixo avaliaram a proposta do livro e ofereceram inúmeras sugestões, que foram incorporadas nos capítulos e nos exercícios.

Prof. Dr. Agostinho Celso Pascalicchio, da Universidade Presbiteriana Mackenzie

Prof. Dr. Paulo Sérgio Milano Bernal, da Universidade Presbiteriana Mackenzie

Prof. Msc. Vicente Carlos Cavallari, da UniSantanna

Prof. Dr. Edson Dias Batista, da UniSantanna

Pelo apoio e sugestões desses especialistas, devo muito mais do que a amizade.

Por fim, aos meus alunos, que suportaram os meus experimentos e expressaram inúmeras sugestões e críticas. Eles são a razão da confecção deste livro.

ABREVIATURAS

As abreviaturas que foram utilizadas neste livro

Acum.	Acumulada		Indir.	Indireto
Admin.	Administrativas		Integral.Capit.	Integralização de Capital
Amort.	Amortizações		LDIR	Lucro Depois do Imposto de Renda
At.	Ativo		LL	Lucro Líquido
Bancár.	Bancários		LP	Longo Prazo
C.M.V.	Comissão de Valores Imobiliários		Lucro Líq./Retido	Lucro Líquido / Retido
C.V.M.	Comissão de Valores Mobiliários		Máq.	Máquinas
Cias	Companhias		Mt./Mat Prima	Matéria-Prima
Circ.	Circulante		ONG	Organização Não Governamental
CP	Curto Prazo		Oper.	Operacionais
CPV/C.P.V.	Custo dos Produtos Vendidos		Pag.	Pagamentos
D.I.	Disponibilidades de Investimentos		Particip.	Participações
Deprec.	Depreciação		Pas.	Passivo
DF	Disponibilidades de Financiamentos		Patr.	Patrimônio
DFC	Demontração de Fluxo de Caixa		Perman.	Permanente
Disponib.	Disponibilidades		Pr./Prod.Acab.	Produtos Acabados
DO	Disponibilidades Operacionais		Prej.	Prejuízo
DRE/D.R.E.	Demonstração de Resultados do Exercício		Realiz.	Realizável
Empr.	Empréstimos		Rec./Desp.Financ.	Receitas e Despesas Financeiras
Empr. C.P.	Empréstimos de Curto Prazo		Rec.L.P.	Receber em Longo Prazo
Empr. L.P.	Empréstimos de Longo Prazo		Rec.Venda Imob.	Receita de Venda de Imobilizado
Equip.	Equipamentos		Receb.	Recebimentos
ERP	Enterprise Resource Planning		Res.Equ.Patr.	Resultados de Equivalência Patrimonial
Exerc.	Exercício		Res.Finan.	Resultados Financeiros
Financ.	Financiamento		S.R.F.	Secretaria da Receita Federal
Fornec	Fornecedores		SF/S.F.	Saldo Final
I.R.	Imposto Renda		SI/S.I.	Saldo Inicial
Imob.	Imobilizado		Títulos a Receb.	Títulos a Receber
Imp.	Imposto			

LEGENDA

Para facilitar o entendimento do livro algumas figuras-chave foram adicionadas.

 Quando for necessário ter cuidado em determinado ponto, será apresentado um ícone com a exclamação. Representa um ponto de atenção.

 Quando for necessário fixar um conceito, será apresentado um ícone com uma lâmpada. É algo importante de se saber.

 O Ativo é representado graficamente como sendo um agrupamento de moedas que representam os bens e direitos da empresa.

 O Passivo é representado graficamente como um agrupamento de notas (notas promissórias) que representam as dívidas e obrigações da empresa.

 O aumento e a diminuição dos bens da empresa é representado pela movimentação das moedas.

 O aumento e a diminuição das dívidas da empresa é representado pela movimentação das notas.

 Quanto maior o valor do índice melhor o resultado da empresa.

 O índice apresenta um resultado melhor em relação ao período anterior.

 Quanto menor o valor do índice melhor o resultado da empresa.

 O índice apresenta um resultado pior em relação ao período anterior.

 O equilíbrio contábil entre o Ativo e o Passivo é representado pela balança dos bens (Ativo) e das dívidas (Passivo), equilibradas.

 O índice apresenta resultado igual ao do período anterior.

MOTIVAÇÃO

A primeira vez que tive contato com a contabilidade foi na universidade, na disciplina de Contabilidade do curso de engenharia. Não foi um bom primeiro contato. Não conseguia entender a lógica daqueles lançamentos duplos, triplos ou maiores e os relatórios com inúmeras transferências de valores entre as demonstrações.

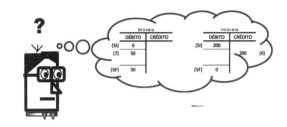

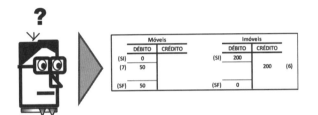

Alguns anos depois, fui trabalhar na área financeira de um banco e percebi que, realmente, precisava entender contabilidade. Para suprir esta necessidade foi preciso fazer uma pós graduação em contabilidade e finanças e outra em economia de empresas, para começar a entender os "Mistérios da Contabilidade".

Anos depois, deixei de ser executivo e me enveredei na carreira acadêmica, e contabilidade geral foi uma das disciplinas que me solicitaram ministrar, por ter experiência na área, dentre outras matérias. Comecei ensinando pelo método tradicional, utilizando razonetes e lançamento a débito e crédito, e notei que os alunos não demonstravam interesse. Senti que eles tinham tantas dúvidas quanto eu, na minha época de universidade.

Procurei imaginar de que maneira poderia prender a atenção dos alunos e aumentar a eficácia do aprendizado. Percebi que poderia simplificar as demonstrações financeiras de forma que os alunos trabalhassem com apenas uma planilha, que é a ideia central do CANVAS.

A primeira planilha elaborada foi a de Balanço Patrimonial para os saldos iniciais e os lançamentos de transações que não envolvam receitas e despesas. A seguir foi desenvolvida a planilha de balanço com Demonstração de Resultado para transações que contenham lançamentos de receitas, custos e despesas. Por fim, foi elaborada a planilha de balanço com Fluxo de Caixa para mostrar a influência das transações no caixa da empresa. Esta planilha é calculada pelo método direto.

O próximo passo, após os testes com os alunos, foi escrever um livro para apresentar o método.

Por sugestão de professores da área, foram incluídas as sessões de contabilidade gerencial. Com isso o livro poderia ser utilizado nas disciplinas de contabilidade geral de várias universidades.

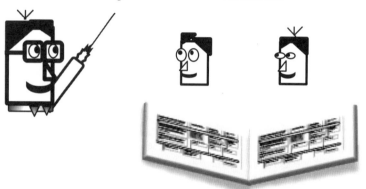

Durante vários semestres, foram feitas sucessivas versões das planilhas que foram utilizadas nos cursos de engenharia, administração e ciências contábeis. Algumas sugestões de professores e alunos foram acrescentadas às mesmas.

Espera-se que o método descrito no livro facilite a compreensão dos mecanismos contábeis e da elaboração das demonstrações financeiras. Ele foi desenvolvido para ensinar profissionais e estudantes que não sejam da área de contabilidade, mas pode, eventualmente, ser utilizado por alunos de ciências contábeis, nas suas disciplinas iniciais.

APRESENTAÇÃO DO MÉTODO

Foram elaborados vários Canvas (telas em planilhas)

para serem preenchidos à mão ou utilizando o Excel. Todas estão disponíveis neste livro e em arquivos do Excel, no site da editora. Para cada tipo de exercício existe uma planilha específica.

No site há, além dos modelos em branco, exemplos de lançamentos contábeis sem DRE, com DRE e com fluxo de caixa, análise horizontal, vertical, índices financeiros e cálculo de impostos, além de planilhas com exercícios propostos, que deverão ser resolvidos pelos leitores e poderão ser entregues ao professor durante o transcorrer das aulas. Os enunciados e os dados dos exercícios estão nas próprias planilhas.

Os primeiros exercícios deste livro serão os de Saldo Inicial. O objetivo deste tipo de exercício é acostumar os leitores na organização do Balanço. Os leitores deverão colocar as contas nos grupos corretos, lançar os saldos iniciais e calcular os totais dos grupos do Ativo, Passivo, e do Patrimônio Líquido.

BALANCETE DE VERIFICAÇÃO

Caixa	3.000
Bancos	3.000
Contas a Receber	2.400
Estoque Prod.Acab.	6.500

BALANÇO PATRIMONIAL

ATIVO		
	S.I.	**S.F.**
Ativo Circulante		
Caixa	**3.000**	
Bancos	**3.000**	
Contas a Receber	**2.400**	
Estoque Prod.Acab.	**6.500**	

BALANÇO PATRIMONIAL

ATIVO											
	SI	1	2	3	4	5	6	7	8	9	SF
Ativo Circulante											
Caixa											
Total Ativo Circulante											
Ativo Não Circulante-Realizável											
Títulos a Rec.L.P.											
Total Realizável Não Circulante											
Ativo Não Circulante-Permanente											
Instalações											
Total Permanente											
Total do Ativo											

Os exercícios de lançamentos contábeis sem DRE poderão ser feitos no livro ou nos CANVAS de Balanço Patrimonial, em Excel. Nestes exercícios, além dos Saldos Iniciais (SI), os leitores deverão efetuar os lançamentos das transações contábeis no CANVAS de Balanço Patrimonial. Estas transações estão numeradas em ordem cronológica e para cada transação deverão ser utilizadas as colunas de numeração correspondente.

Por exemplo, para a transação de número 3 deverão ser feitos lançamentos tanto na coluna numerada com 3 do Ativo, como na coluna 3 do Passivo. Como feito anteriormente, depois de todos os lançamentos, será necessário totalizar as contas no Saldo Final (SF), os grupos de contas e o Total do Ativo e do Passivo.

Apresentação do Método

BALANÇO PATRIMONIAL

ATIVO	SI	1	2	3	4	5	6	7	8	9	SF
Ativo Circulante											
Caixa											
....											
Total Permanente											
Total do Ativo											

PASSIVO	SI	1	2	3	4	5	6	7	8	9	SF
....											
Patrimônio Líquido											
Lucro Líquido/Retido											
Patrimônio Líquido											
Total do Passivo											

Os exercícios de lançamentos contábeis com DRE poderão ser feitos no livro ou na Planilha de Demonstração de Resultado, em Excel.

Estes exercícios são similares aos de lançamentos sem DRE, pois além dos Saldos Iniciais, os leitores deverão efetuar os lançamentos das transações contábeis nas contas e colunas correspondentes.

No caso da transação exigir um lançamento em alguma conta de Receita ou Despesa, a mesma deverá ser apropriada na planilha de DRE.

Caso contrário, se utilizará a planilha de Balanço Patrimonial. Após lançar todos as transações, será necessário calcular o "Lucro Líq./Retido" (última linha do DRE) e transferir este valor para a conta "Lucro Líq./Retido" do Patrimônio Líquido.

Após todos os lançamentos, deve-se então calcular a totalização dos grupos de contas e os Totais do Ativo, Passivo e Patrimônio Líquido, como já visto anteriormente.

DEM. DOS RESULTADOS DO EXERCÍCIO

DRE	1	2	3	4	5	6	7	8	9	SF
Rec. Vendas Brutas										
Impostos Indir.										
Rec. Vendas Líquidas										
C.P.V. / C.M.V.										
Lucro Bruto										
Despesas Admin.										
Despesas Vendas										
Lucro Antes Res. Fin.										
Receitas Financ.										
Despesas Financ.										
Lucro Antes do IR										
Imposto Renda										
Dividendos										
Lucro Líquido/Retido										

BALANÇO PATRIMONIAL

ATIVO	SI	1	2	3	4	5	6	7	8	9	SF
Ativo Circulante											
Caixa											
Total Permanente											
Total do Ativo											

PASSIVO	SI	1	2	3	4	5	6	7	8	9	SF
Patrimônio Líquido											
Lucro Líquido/Retido											
Patrimônio Líquido											
Total do Passivo											

DEMONSTRAÇÃO DE FLUXO DE CAIXA

OPERACIONAIS	1	2	3	4	5	6	7	8	9	SF
(+) Receb. Clientes										
(+) Outros										
(-) Pagam. Fornec.										
(-) Salários Pagos										
Disponibilidades Operacionais										
INVESTIMENTOS	1	2	3	4	5	6	7	8	9	SF
(-) Rec. Venda Imob.										
(-) Compra Perman.										
Disponibilidades Investimentos										
FINANCIAMENTOS	1	2	3	4	5	6	7	8	9	SF
(+) Empréstimos										
(-) Amort. Empr.										
Disponibilidades Financiamentos										
DISPONIBILIDADES										
Caixa/Bancos-Saldo Inicial										
Total de Entradas										
Total de Saídas										
Caixa/Bancos-Saldo Final										

DEM. DOS RESULTADOS DO EXERCÍCIO

DRE	1	2	3	4	5	6	7	8	9	SF
Rec. Vendas Brutas										
Impostos Indir.										
Rec. Vendas Líquidas										
C.P.V. / C.M.V.										
Lucro Bruto										
Despesas Admin.										
Despesas Vendas										
Lucro Antes Res.Fin.										
Receitas Financ.										
Despesas Financ.										
Lucro Antes do IR										
Imposto Renda										
Dividendos										
Lucro Líquido/Retido										

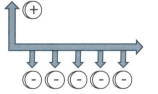

Os exercícios de lançamentos contábeis com fluxo de caixa poderão ser feitos no livro ou na Planilha de Fluxo de Caixa. Esses exercícios são similares aos anteriores.

No caso da transação exigir algum lançamento que envolva caixa e bancos, o lançamento será feito diretamente no demonstrativo de fluxo de caixa.

Novamente, após todos os lançamentos, é necessário calcular o Lucro Líquido/Retido (última linha do DRE) e transferir esse valor para a conta "Lucro Líq./Retido" do Patrimônio Líquido.

Também será necessário calcular o saldo final do demonstrativo de fluxo de caixa e lançar o valor no Saldo Final (SF) da conta "Caixa e Bancos". Note que neste relatório a conta "Caixa", e a conta "Bancos", foram unificadas, pois representam dinheiro corrente.

Deve-se calcular a totalização dos grupos de contas e, após, deverá ser calculado o Total do Ativo e do Passivo, como já explicado anteriormente.

Apresentação do Método

Os Exercícios Passo a Passo

No transcorrer do livro, foram elaborados diversos exercícios do tipo "Passo a Passo", para explicar o funcionamento do método e das planilhas.

As principais características desses exercícios são:

1. Existe a figura de uma balança para ilustrar o equilíbrio contábil de cada transação.
2. Não serão apresentadas todas as contas contábeis, mas apenas aquelas que estarão envolvidas na transação.
3. As transações são numeradas e lançadas na coluna correspondente, como já explicado anteriormente.
4. Os lançamentos serão numerados e indicados por um sinal de legenda.
5. Para cada lançamento, existirá uma caixa de texto com as explicações correspondentes.
6. O crescimento e o decrescimento do ativo e do passivo é representado pelas setas com as moedas e as dívidas entrando e saindo da balança.
7. O equilíbrio da equação contábil (Total do Ativo = Total do Passivo) é demonstrado pelos Totais do Ativo e do Passivo.

Esses totais são a soma dos Saldos Iniciais e de todos os lançamentos. Não necessariamente o leitor precisa calculá-lo a cada passo, mas ele é apresentado para mostrar que o balanço sempre está equilibrado.

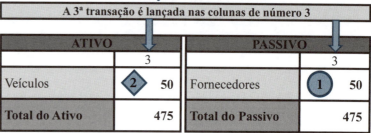

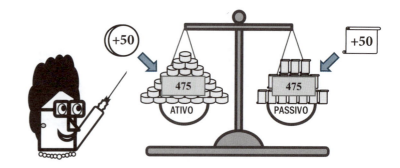

Para uma melhor utilização do método e das planilhas

RECOMENDAÇÕES PARA OS ALUNOS

A primeira recomendação é utilizar o livro ou as planilhas Excel (CANVAS) fornecidas no site da editora, para a realização dos exercícios, durante a leitura do livro ou em sala de aula.

É importante resolver os problemas, para uma melhor compreensão. O objetivo dos CANVAS é mostrar uma visão global das demonstrações financeiras e dos mecanismos de contabilização, sem o uso de relatórios auxiliares.

Será possível efetuar todas as operações contábeis e o encerramento do balanço na própria planilha.

Sem a utilização dos CANVAS a compreensão ficará prejudicada, pois não será possível visualizar os mecanismos.

A segunda recomendação é a de se fazer os exercícios propostos. Sem a prática corre-se o risco de se esquecer rapidamente do aprendido.

RECOMENDAÇÕES PARA OS PROFESSORES

Já tive oportunidade de ministrar aulas, com o CANVAS, de diversas formas.

Quanto à utilização do método pelos alunos:

- Em laboratório de informática, onde os alunos utilizavam diretamente o software Excel para a preparação das planilhas.
- Em sala de aula normal com os alunos utilizando:
  - Notebooks, tablets, celulares do tipo smartphones
  - Planilhas previamente impressas, com os valores em branco,
  - Caderno de anotações posicionado no sentido paisagem, onde foi desenhado previamente o layout das planilhas.

Quanto à aplicação do método pelos professores:

- Usando projetor: Projetam-se as planilhas de exercício em Excel, e soluciona-se na mesma.
- Usando lousa e giz: O layout da planilha é desenhado na lousa, onde o professor irá resolver os problemas propostos.

O uso do computador pelos alunos aumenta a produtividade, mas não é imprescindível para o método.

Sempre peço, como tarefa para serem entregues pelos alunos, os exercícios propostos. Para quem tiver computador, os exercícios podem ser resolvidos no Excel, e enviados pela internet. Já os que não o possuem, podem entregar em papel. No entanto, até hoje, ninguém entregou desta maneira.

CANVAS

O que é CANVAS?

A tradução de CANVAS é tela ou quadro, ou seja, pode ser uma tela usada para se fazer uma pintura. O termo passou a ser utilizado na área de negócios após Alexander Osterwalder lançar o seu livro *"Business Model Generation"*. Neste caso, o CANVAS passou a designar uma tela a ser preenchida pelo usuário com informações para a montagem de um modelo de negócios, sendo estas informações posicionadas de uma forma lógica, na qual é possível visualizar o seu relacionamento.

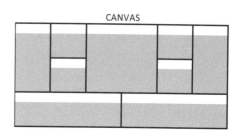

A ideia que está por traz do CANVAS é a montagem de um único quadro ou planilha que contenha todas as informações necessárias para a solução de uma questão, permitindo ao usuário a visualização completa do problema. Este quadro deve ter um layout que evidencie o relacionamento entre as informações, e uma sequência a ser seguida em sua montagem, de forma que o usuário tenha um roteiro que o auxilie em sua elaboração. Resumidamente, ele serve como uma ferramenta que possibilita uma melhor compreensão, e uma visão macro dos problemas que trata.

Esta ideia não é nova, já foi utilizada anteriormente por outros autores.

Um exemplo de CANVAS muito difundido é a tabela periódica, desenvolvida pelos professores Dmitri Ivanovich Mendeleiev e Julius Lothar Meyer, que publicaram suas tabelas em 1869 e 1870, respectivamente. Estes professores trabalharam de forma independente no desenvolvimento das mesmas.

Nesta tabela é possível entender o relacionamento dos elementos químicos, pois seu ordenamento em linhas e colunas relaciona o seu peso atômico e o número de elétrons na ultima camada do átomo. Com estas informações é possível prever até o comportamento de elementos que não foram ainda descobertos.

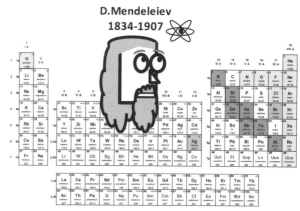

Guia Visual da Contabilidade

TRABALHOS CORRELATOS

Vários autores inspiraram o desenvolvimento do método Canvas Accounting

Autor: José Carlos Marion (2009)

Livro: Contabilidade Básica

Inspiração: O Método de Balanços Sucessivos. Nesse método, cada transação gera um novo balanço. É importante salientar que essa abordagem é interessante didaticamente, mas inviável na utilização empresarial. Com esse método, percebe-se os mecanismos contábeis, mas ainda é necessário saber o funcionamento dos razonetes e do débito e do crédito.

Autores: Alexander Osterwalder e Yves Pigncur (2011)

Livro: Business Model Generation - Inovação em Modelos de Negócios

Inspiração: Montagem de um modelo de negócio complexos, em uma tela única (CANVAS), com o propósito de simplificar o entendimento.

Isto permite uma visão global e simplificada do negócio, dando uma noção do problema como um todo.

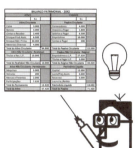

> Ideias Iniciais > Amadurecimento > Desenvolvimento

Autores: Hong Yuh Ching et. al. (2010)

Livro: Contabilidade & Finanças Para Não Especialistas

Inspiração: A ideia é de não se ficar preso aos razonetes, ao débito e ao crédito, ao invés disso se preocupar com o crescimento e decrescimento de cada conta contábil. Como exemplo, um depósito no banco faz crescer a conta contábil "Bancos", e um cheque descontado faz diminuir essa mesma conta.

Autores: Finocchio Junior (2013) e outros autores

Site: CANVAS World (2015)

Inspiração: Vários modelos podem ser vistos no site, como o Strategic Planning CANVAS que serve para o planejamento estratégico, o Learning CANVAS para solução de problemas, o Lean CANVAS para gerenciamento de risco, e o Gamification Model CANVAS para desenvolver soluções baseadas em games, etc.

A consolidação foi a montagem de planilhas que utilizam o Método de Balanços Sucessivos, e o crescimento e decrescimento de cada conta, com as transações e os resultados em uma única visão, sem relatórios auxiliares.

Esta metodologia foi denominada "CANVAS Accounting".

Guia Visual da Contabilidade

SEÇÃO 2
CONCEITOS

Guia Visual da Contabilidade

CONTABILIDADE

Contabilidade é a ciência do controle do patrimônio das entidades

caso não haja um controle, a tendência é que o patrimônio rapidamente desapareça.

De acordo com Marion (2009), a contabilidade é a ciência que estuda como o patrimônio é formado, e como varia. Essa ciência deve ser utilizada por pessoas jurídicas ou por pessoas físicas para controlar seu patrimônio.

Podemos considerar a contabilidade como um grande sistema de informações gerenciais que capta, armazena, transforma, e fornece informações para os vários *shareholders* da empresa (usuários internos) como os gestores, empregados; e vários stakeholders (usuários externos) como a receita federal, comunidade, concorrentes, fornecedores e clientes.

ENTIDADE: É a denominação de uma unidade contábil, ou seja, é a quem a contabilidade está servindo. Esta entidade pode ser uma empresa, que é denominada pessoa jurídica, ou um cidadão, que é chamado de pessoa física.

O **PRINCÍPIO DA ENTIDADE** reconhece o Patrimônio como sendo o objeto da Contabilidade, e enfatiza que não se deve misturar o patrimônio dos sócios com o da empresa. Uma despesa particular do sócio nunca deve ser paga pela empresa.

A contabilidade processa e fornece as informações em relatórios denominados Demonstrações Financeiras. As principais demonstrações são o Balanço Patrimonial e o DRE (Demonstração de Resultado do Exercício). Todas as entidades necessitam de mecanismos de controle de bens, dívidas, rendas e despesas. Não importa que esta entidade seja uma organização sem fins lucrativos, como uma igreja, seja um pequeno agricultor, ou uma grande multinacional.

PATRIMÔNIO: O termo patrimônio vem de pater ou de patris, ou seja, de pais. Ele inicialmente estava relacionado aos bens recebidos por herança. Depois o termo se generalizou e passou a designar os bens das entidades.

Linha do Tempo da Contabilidade

Período Antigo

Pré-História
A história da contabilidade remete ao tempo em que os homens das cavernas necessitavam controlar o seu patrimônio, que era composto por seus animais e áreas plantadas.

4.000 AC - Uruk
As primeiras cidades tinham que manter sistemas de escrituração para registrar os impostos cobrados, controlar o tesouro (patrimônio), e a sua correta utilização.

2.000 AC - Egito
Contribuiu com a escrituração de valores monetários. Isto deveu-se aos problemas de gestão das grandes obras. Antes se contabilizava bens materiais. O dinheiro passou a ser contabilizado pela primeira vez.

Pré História → 4000 a.C → 2000 a.C

- Propriedade e Patrimônio

- Tábuas de Uruk
- Registro Figurativo

- Livro Diário
- Papiro
- Selo Real
- Conta Contábil
- Custos
- Despesas

Período Medieval

800 DC Oriente
Os árabes e os hindus apresentam os números arábicos.

1201 DC Oriente Médio
Os árabes, com seus controles de comércio manuscritos, influenciaram a Europa.

- Surge o Livro Caixa
- Surge a Contabilidade de custos

800 d.C. → 1200 d.C.

1202 Itália
O matemático Leonardo Fibonacci Pisano publica o livro "Liber Abaci", que tratava de matemática, pesos, medidas, câmbio, comércio e administração.

- Surge a Conta "Capital"
- Indústria Artesanal
- Partidas Dobradas

20 Guia Visual da Contabilidade

Período Moderno

1494 Itália
Os princípios da contabilidade moderna foram descritos pelo matemático e Frei Franciscano Luca Pacioli, no livro "*Summa de Arithmetica, Geometria, Proportioni et Proportionalità*".

Itália
A Itália foi o primeiro país a reconhecer a profissão de Contador.

1500 Brasil
Após a descoberta, Portugal envia "Provedores da Fazenda" ao Brasil.

1808 Brasil
Chegada da Família Real no Brasil

Banco do Brasil

1494 d.C.

Na época, a contabilidade fazia parte da matemática. Por causa desta publicação, Pacioli é considerado o pai da contabilidade moderna. Esta obra tem o mérito de sistematizar a contabilidade, cujos métodos propostos são utilizados até hoje.

1642
Calculadora Manual

1770 Brasil
Regulamentada a profissão de "Guarda Livros"

1809 Brasil
Aula de Comércio da Corte

Período Científico

1840 Itália
Franscesco Villa publica o livro "*La Contabilità Applicatta alle Amministrazioni Private e Pubbliche*", obra premiada pelo governo da Áustria.

Surge a Contabilidade Gerencial

Grandes Empresas

Empresas Multinacionais

1840 d.C. → **Hoje**

1868
Máquina de Escrever

1887 EUA
Fundação da *American Association of Public Accountants*

Computadores

Sistemas ERP

CONTABILIDADE

Princípios Contábeis

A contabilidade necessita seguir algumas normas

que são denominadas de Princípios Contábeis. No Brasil existia conflitos entre os princípios propostos pelo CPC - Comitê de Pronunciamentos Contábeis do Conselho Federal de Contabilidade e pela CVM - Comissão de Valores Mobiliários. A partir de janeiro de 2017 a resolução 750 de 1993, que trata sobre os princípios contábeis, foi revogada.

Os princípios contábeis não deixaram de existir, mas foram especificados em vários CPCs (Comitês de Pronunciamentos Contábeis).

Princípios Contábeis

Princípio da Entidade: O objetivo é controlar o patrimônio da entidade representada. Não se deve misturar transações entre entidades.

Princípio da Continuidade: Deve-se considerar que a entidade não será liquidada em futuro previsível.

Princípio da Oportunidade: As informações devem representar a situação da entidade de forma íntegra e no tempo correto.

Princípio do Registro pelo Valor Original: Todos as transações devem ser registradas pelo valor histórico de aquisição.

Princípio da Competência: Exige que se registrem as transações no momento em que elas ocorrem, e não quando são pagas.

Princípio da Prudência: Na contabilidade deve ser utilizado sempre o pior caso.

Demonstrações Financeiras

É um conjunto de relatórios contábeis

que apresentam a composição e a evolução do patrimônio das entidades.

Esses relatórios devem ser elaborados com uma frequência predeterminada por todas as entidades pessoas jurídicas (empresas).

As empresas classificadas como Sociedades Anônimas (S.A.), tanto as de capital aberto como as de capital fechado consideradas de grande porte, devem publicar anualmente suas demonstrações financeiras, logo após o encerramento do ano fiscal, no Diário Oficial da União e em um jornal de grande circulação.

Um subgrupo destas empresas, as S.A.s de capital aberto (com ações negociadas na bolsa de valores) devem publicá-los a cada três meses.

As leis que regulamentam as demonstrações financeiras no Brasil são: a Lei das Sociedades Anônimas, de 1976, e a lei 11.638, de 2007, que alterou vários artigos da lei anterior e vários pontos das demonstrações financeiras, além de passar a exigir o demonstrativo de fluxo de caixa.

Os relatórios exigidos nas demonstrações financeiras são:

- Relatório da administração;
- Balanço Patrimonial;
- Demonstração de Resultados;
- Demonstração de Fluxo de Caixa;
- Demonstração de Valor Agregado;
- Dem. das Mutações do Patrimônio Líquido;
- Notas explicativas;
- Parecer do conselho fiscal;
- Parecer da auditoria independente.

Algumas informações devem são obrigatorias em todas as demonstrações financeiras:
- Denominação social das empresas;
- Nome da Demonstração Financeira;
- Data do exercício fiscal;
- Unidade monetária.

BALANÇO PATRIMONIAL

É considerado o principal relatório das demonstrações financeiras

BALANÇO PATRIMONIAL (Valores em R$1.000,00)

ATIVO	S.I.	1	2	3	4	5	6	7	8	9	S.F.
Ativo Circulante											
Caixa											
Bancos											
Contas a Receber											
A Rec.Acionistas											
Estoque Prod.Acab.											
Estoque Mat.Prima											
Total Ativo Circulante											
Ativo Não Circulante-Realizável											
Títulos a Rec.L.P.											
Total Realizável Não Circulante											
Ativo Não Circulante-Permanente											
Instalações											
Veículos											
Máq. e Equip.											
Deprec. Acum.											
Total Permanente											
Total do Ativo	Esperado			Calculado							

PASSIVO	S.I.	1	2	3	4	5	6	7	8	9	S.F.
Passivo Circulante											
Fornecedores											
Impostos a Pagar											
Salários a Pagar											
Empréstimo											
Aluguéis a Pagar											
Total Passivo Circulante											
Passivo Não Circulante-Exigível											
Aluguéis em L.P.											
Empréstimos L.P.											
Total Exigível Não Circulante											
Patrimônio Líquido											
Capital											
Lucro/Prej.Acum											
Reservas											
Lucro Líq./Retido											
Patrimônio Líquido											
Total do Passivo	Esperado			Calculado							

(!) **O Balanço Patrimonial acima será como iremos utilizar no livro**

O Balanço mostra uma foto da empresa no último momento do exercício fiscal

O **Ativo** é composto pelas contas que refletem os **bens e direitos** da empresa. É o dinheiro que a empresa tem e tudo aquilo que pode ser vendido e convertido em dinheiro.

Uma outra forma de se enxergar o Ativo é considerá-lo a **destinação** dos recursos que foram captados no Passivo.

O **Passivo** são as contas que representam as dívidas e obrigações da empresa. É formado pelas dívidas com os fornecedores, bancos, empregados, impostos e outros credores. Deve-se considerar também o capital dos acionistas, o lucro ou o prejuízo da empresa.

Outra forma de enxergar o Passivo é considerá-lo a **origem** dos recursos monetários para a obtenção dos bens da empresa.

BALANÇO PATRIMONIAL (valores em R$1.000,00)

ATIVO	S.F.	PASSIVO	S.F.
Ativo Circulante		**Passivo Circulante**	
Caixa	12	Salários a Pagar	21
Bancos	35	Empréstimo	14
Contas a Receber	15	Aluguéis a Pagar	32
A Rec. Acionistas	10	Juros a Pagar	2
Estoque Prod. Acab.	10		
Estoque Mat. Prima	6		
Total Ativo Circulante	88	**Total Passivo Circulante**	69
Ativo Não Circulante-Realizável		**Passivo Não Circulante-Exigível**	
Títulos a Rec. L.P.	3	Aluguéis a L.P.	8
		Empréstimos L.P.	5
Total Realizável Não Circ.	3	**Total Exigível Não Circulante**	13
Ativo Não Circulante-Permanente		**Patrimônio Líquido**	
Instalações	10	Capital	40
Móveis/utensílios	21	Lucro/Prej. Acum	5
Veículos	14	Lucro Líquido/Retido	4
Deprec. Acum.	(5)		
Total Permanente	40	**Patrimônio Líquido**	49
Total do Ativo	131	**Total do Passivo**	131

BALANÇO PATRIMONIAL

ATIVO

As contas do Ativo estão organizadas em ordem de liquidez

É a facilidade em transformar os bens em dinheiro. Em primeiro as que podem ser convertidas em dinheiro mais rapidamente e por último as de mais difícil conversão.

Ativo Circulante, é, além de dinheiro vivo (Caixa e Bancos), tudo que pode ser facilmente transformado em dinheiro, como Aplicações em Curto Prazo, Contas a Receber, Estoque de Produtos Acabados, Estoque de Matéria-Prima, etc.

Ativo Não Circulante é composto pelos valores e títulos a receber de longo prazo, ou seja, prazo maior que um ano, e do Ativo Permanente, que são investimentos que podem ser imobilizados como prédios, veículos, móveis e outros ativos que irão sofrer depreciação. Outros investimentos como ações de outras empresas, obras de arte, etc. também pertencem a este grupo.

Maior Liquedez

BALANÇO PATRIMONIAL

ATIVO											
	S.I.	1	2	3	4	5	6	7	8	9	S.F.
Ativo Circulante											
Caixa											
Bancos											
Contas a Receber											
A Rec.Acionistas											
Estoque Prod.Acab.											
Estoque Mat.Prima											
Total Ativo Circulante											
Ativo Não Circulante-Realizável											
Títulos a Rec.L.P.											
Total Realizável Não Circulante											
Ativo Não Circulante-Permanente											
Instalações											
Móveis/Utensílios											
Veículos											
Depreciação Acum.											
Total Permanente											
Total do Ativo											

! A lógica é que a empresa dificilmente irá vender seu Ativo Não Circulante - Permanente, ela deverá receber seus Ativos Não Circulantes - Realizáveis após um ano e, no curto prazo, irá primeiro converter a matéria-prima em produto acabado, e depois vender, provavelmente a prazo, receber dos clientes, sendo o valor depositado em um banco, e somente após este ciclo, transformar a matéria-prima em dinheiro.

Passivo

As contas do Passivo estão organizadas em ordem de vencimento

As dívidas com vencimento mais recente são colocadas nas linhas superiores e as com vencimento de longo prazo por último.

BALANÇO PATRIMONIAL

PASSIVO											
	S.I.	1	2	3	4	5	6	7	8	9	S.F.
Passivo Circulante											
Fornecedores											
Impostos a Pagar											
Salários a Pagar											
Empréstimo											
Aluguéis a Pagar											
Juros a Pagar											
Total Passivo Circulante											
Passivo Não Circulante-Exigível											
Aluguéis a L.P.											
Empréstimos L.P.											
Total Exigível Não Circulante											
Patrimônio Líquido											
Capital											
Lucro/Prejuízo Acum.											
Reservas											
Lucro Líquido/Retido											
Patrimônio Líquido											
Total do Passivo											

Maior Liquedez

Passivo Circulante é o primeiro grupo. São as dívidas de curto prazo, ou seja, com prazo de vencimento inferior a um ano. É o caso das contas que representam os Fornecedores, Imposto de Renda, Salários e Impostos.

Passivo Não Circulante é um grupo de contas que representam as dívidas que terão vencimento maior que um ano.

Patrimônio Líquido são as obrigações para com os acionistas e a princípio não tem um prazo para o pagamento. Somente no encerramento da empresa, esses valores, se existirem, serão devolvidos aos acionistas.

A lógica é que a empresa dificilmente irá vender seu Ativo Não Circulante - Permanente. Ela deverá receber seus Ativos Não Circulante - Realizáveis após um ano, e no curto prazo irá primeiro converter a matéria-prima em produto acabado e depois vender, provavelmente a prazo, receber dos clientes, sendo o valor depositado em um banco, e somente após este ciclo transformar a matéria-prima em dinheiro.

As principais características do Balanço Patrimonial

É legalmente obrigatório a inclusão do Balanço Patrimonial nas Demonstrações Financeiras das entidades. Ele apresenta a posição patrimonial da empresa organizada por contas contábeis.

BALANÇO PATRIMONIAL (valores em R$1.000,00)

ATIVO		PASSIVO	
Ativo Circulante		**Passivo Circulante**	
Caixa	12	Salários a Pagar	21
Bancos	35	Empréstimo	14
Contas a Receber	15	Aluguéis a Pagar	32
A Rec.Acionistas	10	Juros a Pagar	2
Estoque Prod.Acab.	5		
Estoque Mat.Prima	8		
Total Ativo Circulante	85	**Total Passivo Circulante**	69
Ativo Não Circulante-Realizável		**Passivo Não Circulante-Exigível**	
Títulos a Rec.L.P.	3	Aluguéis a L.P.	8
		Empréstimos L.P.	2
Total Realizável Não Circ.	3	**Total Exigível Não Circulante**	10
Ativo Não Circulante-Permanente		**Patrimônio Líquido**	
Instalações	10	Capital	40
Móveis/utensílios	21	Lucro/Prej.Acum	5
Veículos	14	Lucro Líquido/Retido	4
Deprec. Acum.	(5)		
Total Permanente	40	**Patrimônio Líquido**	49
Total do Ativo	128	**Total do Passivo**	128

As contas contábeis estão divididas em contas do Ativo, que são os bens e direitos da empresa, e as contas do Passivo, que são as dívidas e obrigações. Por convenção, se coloca as contas do Ativo do lado esquerdo e as do Passivo do lado direito.

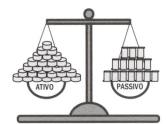

É necessário sempre se manter o equilíbrio contábil:
Ativo = Passivo + Patrimônio Líquido

Guia Visual da Contabilidade

PARTIDA DOBRADA

A Partida Dobrada foi descrita pela primeira vez pelo frei Luca Pacioli

em 1494 no livro "Summa de Arithmetica, Geometria, Proportioni et Proportionalità" no capítulo "Tratactus de Computis et Scripturis".

Para a elaboração dos lançamentos contábeis deve-se utilizar esta técnica, que nos obriga a fazer pelo menos dois lançamentos, em contas contábeis distintas, para contabilizar cada transação, de forma a manter equilibrado o Balanço Patrimonial.

A quantidade de lançamentos pode ser maior que dois, contanto que o balanço continue equilibrado, ou seja, a soma dos valores lançados no ativo deve ser igual à soma dos valores lançados no passivo e no Patrimônio Líquido.

Luca Pacioli 1445-1517

A ideia por trás da partida dobrada é mostrar não apenas o **destino do recurso**, mas também a sua **origem.** No caso da compra de Matéria-Prima pela empresa, deve-se apontar o aumento no estoque, e também se o dinheiro saiu do caixa, do banco, ou se o fornecedor financiou a compra.

Como exemplo, vamos imaginar que a empresa tenha comprado matéria-prima de um fornecedor pelo valor de R$500 para pagamento em 60 dias. A **origem** dos recursos foi uma compra a prazo, que aumentou a sua dívida com os fornecedores. Todas as dívidas são lançadas no "**Passivo**". Por aumentar a dívida, aumentou-se o passivo. É feito um lançamento de R$500 na conta **Fornecedores**.

BALANÇO PATRIMONIAL

ATIVO		PASSIVO	
ATIVO CIRCULANTE	3	PASSIVO CIRCULANTE	3
Estoque de Matéria-Prima	500	Fornecedores	500
Total do Ativo	1.475	**Total do Passivo**	1.475

Resumindo: A partida dobrada procura manter sempre equilibrada a equação contábil:

Ativo = Passivo + Patrimônio Líquido

O **destino** dos recursos é o Estoque de Matéria-Prima, que aumentou em R$500. O lançamento aumenta os bens e direitos da empresa. Todos os bens e direitos são lançados no "**Ativo**". O valor é lançado na conta "**Estoque de Matéria-Prima**" do "Ativo Circulante". Repare que o lançamento do valor do bem, no ativo, se equilibra com o lançamento da dívida no passivo.

BALANÇO PATRIMONIAL

Balancete de Verificação

É um relatório auxiliar resumido com os saldos de todas as contas contábeis

Os saldos iniciais das contas são construídos a partir dos saldos finais do período anterior, que são obtidos ou do último Balanço Patrimonial ou de um relatório contábil chamado de Balancete de Verificação, que foi utilizado para a construção do Balanço Patrimonial.

Este relatório contém todas as contas que apresentaram saldos iniciais ou movimentações no período contábil, e mostra seus respectivos saldos finais. Para sua elaboração, são utilizados os saldos iniciais de cada conta contábil somando-se ou subtraindo-se a movimentação que ocorreu no período. O Balancete de Verificação auxilia no "Encerramento do Exercício". Por apresentar o saldo final do exercício, ele pode também ser utilizado para a obtenção dos saldos iniciais das contas contábeis no novo exercício fiscal.

O termo "Encerramento do Exercício" é utilizado pelos contadores para designar o momento, no final do exercício contábil, em que todas as contas são conciliadas (somam-se os saldos e a movimentação das contas contábeis no período). Nesse encerramento, utilizando-se do balancete, as contas de receitas e de despesas são apropriadas na Demonstração de Resultado e com isso é calculado o lucro ou prejuízo da empresa. Esse lucro ou prejuízo é transferido posteriormente para o Patrimônio Líquido. Os saldos das contas do Ativo e do Passivo são apropriadas no Balanço Patrimonial e não se encerram. A partir dessa conciliação é criado o Balanço Patrimonial e todas as outras demonstrações financeiras.

BALANCETE DE VERIFICAÇÃO

Bancos	3.000
Caixa	3.000
Capital	12.000
Contas a Pagar	200
Contas a Receber	2.400
Empréstimo	10.000
Empréstimos L.P.	27.320
Estoque Mat.Prima	30.000
Estoque Prod.Acab.	6.500
Fornecedores	3.800
Impostos a Pagar	1.800
Lucro/Prej.Acum	3.600
Máquinas	3.000
Marcas e Patentes	2.000
Participações	7.320
Prédios	4.000
Reservas	3.000
Salários a Pagar	6.500
Títulos a Pagar L.P.	3.000
Títulos a Rec.L.P.	10.000

SEÇÃO 3
SALDOS INICIAIS

Guia Visual da Contabilidade

SALDOS INICIAIS

Os saldos iniciais correspondem aos saldos finais do período anterior

Vamos imaginar uma pessoa numa festa de réveillon. Está faltando cinco minutos para a meia noite, e um colega pergunta a outro:

- Quanto você tem de dinheiro no bolso?

O colega titubeia, mas após alguns instantes responde:

- Tenho cento e vinte reais.

Este é o saldo final, do ano, da conta caixa deste colega. Passados cinco minutos após a meia noite, a mesma pessoa pergunta novamente:

- E agora? Quanto dinheiro você tem no bolso?

O colega responde de pronto:

- É lógico que tenho cento e vinte reais, ainda não deu tempo de gastar nada.

Esse valor passou a ser o saldo inicial, do novo ano, do caixa deste colega.

O Saldo Inicial é o valor inicial de cada conta contábil. Este valor pode ser zero, no caso das contas de Receitas e Despesas ou pode conter algum valor, que é o Saldo Final do exercício fiscal anterior, para as contas do Balanço Patrimonial.

O objetivo dos exercícios de Saldo Inicial é familiarizar os leitores com o Balanço Patrimonial e com a posição das contas contábeis nos grupos de contas.

Montagem dos Saldos Iniciais

BALANCETE DE VERIFICAÇÃO

Caixa	3.000
Bancos	3.000
Contas a Receber	2.400
Capital	12.000
Contas a Pagar	200
Empréstimo	10.000
Empréstimos L.P.	27.320
Estoque Mat.Prima	30.000
Estoque Pr.Acab..	6.500
Fornecedores	4.000
Impostos a Pagar	1.800
Lucro/Prej. Acum.	3.600
Máquinas	3.000
Marcas e Patentes	2.000
Participações	7.320
Materiais Diversos	4.000
Reservas	3.000
Salários a Pagar	6.500
Títulos a Pagar L.P.	3.000
Títulos a Rec.L.P.	10.000
Veículos	200

O lançamento dos Saldos Iniciais no Balanço é uma simples cópia dos valores do Balancete. Nesse exemplo só foram lançadas as contas do Ativo.

O balanço deverá receber do balancete somente as contas patrimoniais, ou seja, as contas do Ativo e do Passivo. As contas de Receitas e Despesas foram zeradas, pois os seus saldos foram transferidos para a Demonstração de Resultado (DRE). Outro cuidado é que o Balancete não precisa estar necessariamente na ordem do balanço, será necessário atenção para alocação correta das contas.

BALANCETE DE VERIFICAÇÃO

Caixa	3.000
Bancos	3.000
Contas a Receber	2.400
Estoque Prod.Acab..	6.500
Estoque Mat.Prima	30.000
Materiais Diversos	4.000

Títulos a Rec.L.P.	10.000

Máquinas	3.000
Veículos	200
Marcas e Patentes	2.000
Participações	7.320

BALANÇO PATRIMONIAL

ATIVO	S.I.	
Ativo Circulante		
Caixa	3.000	
Bancos	3.000	
Contas a Receber	2.400	
Estoque Prod.Acab..	6.500	
Estoque Mat.Prima	30.000	
Materiais Diversos	4.000	
Total Ativo Circulante	**44.900**	
Ativo Não Circulante - Realizável		
Títulos a Rec.L.P.	10.000	
Total Realizável Não Circ.	**10.000**	
Ativo Não Circulante - Permanente		
Máquinas	3.000	
Veículos	200	
Marcas e Patentes	2.000	
Participações	7.320	
Total Permanente	**12.520**	
Total do Ativo	**67.420**	

Após achar a posição correta das contas no Balanço Patrimonial, simplesmente se transfere o valor da conta do Balancete para o Balanço na coluna de Saldo Inicial (S.I.). Após a transferência de todos os saldos, é necessário totalizar os grupos de conta e depois calcular o Total do Ativo e o Total do Passivo, que devem ser iguais. Caso isso não ocorra é porque houve algum lançamento errado.

Guia Visual da Contabilidade

SALDOS INICIAIS

Exercício Passo a Passo I

BALANCETE DE VERIFICAÇÃO

Contas a Pagar	200
Bancos	3.000
Caixa	3.000
Capital	12.000
Contas a Receber	2.400
Empréstimo	10.000
Empréstimos L.P.	27.320
Estoque Mat.Prima	30.000
Estoque Prod.Acab..	6.500
Fornecedores	4.000
Impostos a Pagar	1.800
Lucro/Prej.Acum.	3.600
Máquinas	3.000
Marcas e Patentes	2.000
Materiais Diversos	4.000
Participações	7.320
Reservas	3.000
Salários a Pagar	6.500
Títulos a Pagar L.P.	3.000
Títulos a Rec.L.P.	10.000
Veículos	200

BALANÇO PATRIMONIAL (Valores em R$1.000,00) - 20X2

ATIVO	S.I.	PASSIVO	S.I.
Ativo Circulante		**Passivo Circulante**	
Caixa		Fornecedores	
Bancos		Impostos a Pagar	
Contas a Receber		Salários a Pagar	
Estoque Prod.Acab.		Empréstimo	
Estoque Mat.Prima		Contas a Pagar	
Materiais Diversos			
Total Ativo Circulante		**Total Passivo Circulante**	
Ativo Não Circulante - Realizável		**Passivo Não Circulante - Exigível**	
Títulos a Rec.L.P.		Empréstimos L.P.	
		Títulos a Pagar L.P.	
Total Realizável Não Circ.		**Total Exigível Não Circ.**	
Ativo Não Circulante - Permanente		**Patrimônio Líquido**	
Máquinas		Capital	
Veículos		Lucro/Prej.Acum.	
Marcas e Patentes		Reservas	
Participações		Lucro Líq./Retido	
Total Permanente		**Patrimônio Líquido**	
Total do Ativo		**Total do Passivo**	

Esperado	71.420	Esperado	71.420

Dado o Balancete de Verificação, monte os saldos iniciais do novo período. Preencha os campos em branco.

Solução

BALANÇO PATRIMONIAL - 20X2

BALANCETE DE VERIFICAÇÃO

Caixa	3.000
Bancos	3.000
Contas a Receber	2.400
Estoque Pr.Acab..	6.500
Estoque Mat.Prima	30.000
Materiais Diversos	4.000

Títulos a Rec.L.P.	10.000

Máquinas	3.000
Veículos	200
Marcas e Patentes	2.000
Participações	7.320

ATIVO — S.I.

Ativo Circulante

Caixa	3.000	
Bancos	3.000	
Contas a Receber	2.400	
Estoque Prod.Acab.	6.500	
Estoque Mat.Prima	30.000	
Materiais Diversos	4.000	
Total Ativo Circulante		**44.900**

Ativo Não Circulante - Realizável

Títulos a Rec.L.P.	10.000	
Total Realizável Não Circ.		**10.000**

Ativo Não Circulante-Permanente

Máquinas	3.000	
Veículos	200	
Marcas e Patentes	2.000	
Participações	7.320	
Total Permanente		**12.520**
Total do Ativo		**71.420**

Esperado	71.420

PASSIVO — S.I.

Passivo Circulante

Fornecedores	4.000	
Impostos a Pagar	1.800	
Salários a Pagar	6.500	
Empréstimo	10.000	
Contas a Pagar	200	
Total Passivo Circulante		**22.500**

Passivo Não Circulante - Exigível

Empréstimos L.P.	27.320	
Títulos a Pagar L.P.	3.000	
Total Exigível Não Circ.		**30.320**

Patrimônio Líquido

Capital	12.000	
Lucro/Prej.Acum.	3.600	
Reservas	3.000	
Lucro Líq./Retido		
Patrimônio Líquido		**18.600**
Total do Passivo		**71.420**

Esperado	71.420

BALANCETE DE VERIFICAÇÃO

Fornecedores	4.000
Impostos a Pagar	1.800
Salários a Pagar	6.500
Empréstimo	10.000
Aluguéis a Pagar	200

Empréstimos L.P.	27.320
Títulos a Pagar L.P.	3.000

Capital	12.000
Lucro/Prej.Acum.	3.600
Reservas	3.000

SALDOS INICIAIS

Exercício Passo a Passo II

Construir o saldo inicial do novo ano a partir do saldo final das contas abaixo:

DADOS EM R$1.000:

Caixa R$2.000; Aluguéis a Pagar R$1.800;

Aluguéis a L.P. R$7.320; Caminhões R$200;

Capital R$7.000; Contas a Pagar R$200;

Contas a Receber R$3.400; Terrenos R$4.000;

Empréstimos L.P. R$3.000; Títulos a Rec.L.P. R$5.000;

Estoque de Mercadorias R$6.500; Fornecedores R$4.000;

Galpões R$3.000; Lucro/Prej.Acum. R$3.600;

Bancos R$7.320; Prédios R$2.000;

Salários a Pagar R$6.500.

BALANÇO PATRIMONIAL (Valores em R$1.000,00) - 20X5

ATIVO	S.I.		PASSIVO	S.I.	
Ativo Circulante			**Passivo Circulante**		
Caixa			Fornecedores		
Bancos			Impostos a Pagar		
Contas a Receber			Salários a Pagar		
A Rec. Acionistas			Aluguéis a Pagar		
Estoque de Mercad.			Contas a Pagar		
Materiais Diversos					
Total Ativo Circulante			**Total Passivo Circulante**		
Ativo Não Circulante - Realizável			**Passivo Não Circulante - Exigível**		
Títulos a Rec.L.P.			Aluguéis a L.P.		
			Empréstimos L.P.		
Total Realizável Não Circ.			**Total Exigível Não Circ.**		
Ativo Não Circulante - Permanente			**Patrimônio Líquido**		
Galpões			Capital		
Caminhões			Lucro/Prej.Acum.		
Prédios			Reservas		
Terrenos			Lucro Líq./Retido		
Total Permanente			**Patrimônio Líquido**		
Total do Ativo			**Total do Passivo**		
Esperado	33.420		Esperado	33.420	

Solução

BALANÇO PATRIMONIAL (Valores em R$1.000,00) - 20X5

BALANCETE DE VERIFICAÇÃO

Caixa	2.000
Bancos	7.320
Contas a Receber	3.400

Estoque Mercador.	6.500

Títulos a Rec.L.P.	5.000

Galpões	3.000
Caminhões	200
Prédios	2.000
Terrenos	4.000

ATIVO

Ativo Circulante	S.I.	
Caixa	2.000	
Bancos	7.320	
Contas a Receber	3.400	
A Rec. Acionistas		
Estoque Mercador.	6.500	
Materiais Diversos		
Total Ativo Circulante		**19.220**
Ativo Não Circulante - Realizável		
Títulos a Rec.L.P.	5.000	
Total Realizável Não Circ.		**5.000**
Ativo Não Circulante-Permanente		
Galpões	3.000	
Caminhões	200	
Prédios	2.000	
Terrenos	4.000	
Total Permanente		**9.200**
Total do Ativo		**33.420**
Esperado		33.420

PASSIVO

Passivo Circulante	S.I.	
Fornecedores	4.000	
Impostos a Pagar		
Salários a Pagar	6.500	
Aluguéis a Pagar	1.800	
Contas a Pagar	200	
Total Passivo Circulante		**12.500**
Passivo Não Circulante - Exigível		
Aluguéis a L.P.	7.320	
Empréstimos L.P.	3.000	
Total Exigível Não Circ.		**10.320**
Patrimônio Líquido		
Capital	7.000	
Lucro/Prej.Acum.	3.600	
Reservas		
Lucro Líq./Retido		
Patrimônio Líquido		**10.600**
Total do Passivo		**33.420**
Esperado		33.420

BALANCETE DE VERIFICAÇÃO

Fornecedores	4.000

Salários a Pagar	6.500
Aluguéis a Pagar	1.800
Contas a Pagar	200

Aluguéis a L.P.	7.320
Empréstimos L.P.	3.000

Capital	7.000
Lucro/Prej.Acum.	3.600

SALDOS INICIAIS

EXERCÍCIO PROPOSTO I

Construir o saldo inicial do novo ano a partir do saldo final das contas abaixo:

A Receber de Acionistas R$180; Bancos R$400;

Aluguéis a Pagar R$300; Aluguéis a Pagar L.P. R$180;

Caixa R$500; Capital R$2000; Contas a receber R$900;

Empréstimos R$250; Empréstimos L.P. R$300;

Estoque de Mercadoria R$500; Fornecedores R$580;

Imóveis R$180; Impostos a pagar R$180;

Juros a Pagar R$100; Lucro/Prejuízo Acumulado R$550;

Móveis/Utensílios R$1200; Participações R$500;

Reservas R$400; Salários a Pagar R$120;

Títulos a Receber L.P. R$300; Veículos R$300.

BALANÇO PATRIMONIAL (Valores em R$1.000,00)

ATIVO			PASSIVO		
	S.I.			**S.I.**	
Ativo Circulante			**Passivo Circulante**		
Caixa			Fornecedores		
Bancos			Impostos a Pagar		
Contas a Receber			Salários a Pagar		
A Rec. Acionistas			Empréstimo		
Estoque Mercad.			Aluguéis a Pagar		
Materiais Diversos			Juros a Pagar		
Total Ativo Circulante			**Total Passivo Circulante**		
Ativo Não Circulante - Realizável			**Passivo Não Circulante - Exigível**		
Títulos a Rec.L.P.			Aluguéis a L.P.		
			Empréstimos L.P.		
Total Realizável Não Circ.			**Total Exigível Não Circ.**		
Ativo Não Circulante - Permanente			**Patrimônio Líquido**		
Móveis/Utensílios			Capital		
Imóveis			Lucro/Prej.Acum.		
Veículos			Reservas		
Participações			Lucro Líq./Retido		
Total Permanente			**Patrimônio Líquido**		
Total do Ativo			**Total do Passivo**		

Esperado	**4.960**	**Esperado**	**4.960**

Exercício Proposto II

BALANCETE DE VERIFICAÇÃO

A Receber de Acionistas	400
Aluguéis a Pagar	300
Aluguéis a Pagar L.P.	250
Bancos	400
Caixa	200
Capital	3.000
Contas a Pagar	3.500
Contas a Receber	700
Depreciação Acumulada	(1.200)
Empréstimos	1.800
Empréstimos L.P.	560
Estoque de Matéria-Prima	800
Estoque de Prod. Acabado	850
Fornecedores	600
Impostos a pagar	400
Lucro/Prejuízo Acumulado	600
Maq. e Equip.	1.800
Reservas	240
Salários a Pagar	1.100
Terrenos	5.300
Títulos a Receber L.P.	100
Veículos	3.000

Dado o Balancete de Verificação, monte os saldos iniciais do novo período. Preencha os campos em branco.

BALANÇO PATRIMONIAL (Valores em R$1.000,00)

ATIVO	S.I.	PASSIVO	S.I.
Ativo Circulante		**Passivo Circulante**	
Caixa		Fornecedores	
Bancos		Impostos a pagar	
Contas a Receber		Salários a Pagar	
Estoque Prod.Acab.		Empréstimos	
Estoque Mat.Prima		Contas a Pagar	
Materiais Diversos			
Total Ativo Circulante		**Total Passivo Circulante**	
Ativo Não Circulante - Realizável		**Passivo Não Circulante - Exigível**	
Títulos a Rec.L.P.		Aluguéis em L.P.	
		Empréstimos L.P.	
Total Realizável Não Circ.		**Total Exigível Não Circ.**	
Ativo Não Circulante - Permanente		**Patrimônio Líquido**	
Veículos		Capital	
Maq. e Equip.		Lucro/Prej.Acum.	
Terrenos		Reservas	
Depreciação Acum.		Lucro Líq./Retido	
Total Permanente		**Patrimônio Líquido**	
Total do Ativo		**Total do Passivo**	
Esperado	15.340	Esperado	15.340

 Os contadores utilizam parênteses (1.200) para indicar números negativos

EXERCÍCIO PROPOSTO III

BALANCETE DE VERIFICAÇÃO

A Receber de Acionistas	180
Aluguéis a Pagar	87
Bancos	100
Caixa	250
Capital	300
Contas a Receber	300
Empréstimos	250
Empréstimos L.P.	50
Estoque de Matéria-Prima	230
Estoque de Prod. Acabado	150
Fornecedores	160
Imóveis	200
Impostos a pagar	200
Instalações	50
Juros a Pagar	63
Lucro/Prejuízo Acumulado	100
Participações	80
Reservas	240
Salários a Pagar	120
Títulos a Pagar LP	70
Títulos a Receber L.P.	70
Veículos	30

BALANÇO PATRIMONIAL (Valores em R$1.000,00)

ATIVO			PASSIVO		
	S.I.			S.I.	
Ativo Circulante			**Passivo Circulante**		
Caixa			Fornecedores		
Bancos			Impostos a Pagar		
Contas a Receber			Salários a Pagar		
Estoque Prod.Acab.			Empréstimo		
Estoque Mat.Prima			Aluguéis a Pagar		
Materiais Diversos			Juros a Pagar		
Total Ativo Circulante			**Total Passivo Circulante**		
Ativo Não Circulante - Realizável			**Passivo Não Circulante - Exigível**		
Títulos a Rec.L.P.			Títulos a Pagar L.P.		
			Empréstimos L.P.		
Total Realizável Não Circ.			**Total Exigível Não Circ.**		
Ativo Não Circulante - Permanente			**Patrimônio Líquido**		
Instalações			Capital		
Imóveis			Lucro/Prej.Acum.		
Veículos			Reservas		
Participações			Lucro Líq./Retido		
Total Permanente			**Patrimônio Líquido**		
Total do Ativo			**Total do Passivo**		

Esperado	1.640	**Esperado**	1.640

A Cia ABC apresentou as seguintes contas em 31/12/X2. Construa o saldo inicial de 01/01/X3. Preencha os campos em branco.

Exercício Proposto IV

BALANCETE DE VERIFICAÇÃO

A Receber de Acionistas	300
Aluguéis a Pagar	350
Aluguéis a Pagar L.P.	210
Bancos	150
Caixa	1.000
Capital	3.000
Contas a Receber	1.050
Empréstimos	950
Empréstimos L.P.	700
Estoque de Matéria-Prima	200
Estoque de Prod. Acabado	400
Fornecedores	250
Impostos a pagar	160
Instalações	1.000
Juros a Pagar	150
Lucro/Prejuízo Acumulado	(200)
Maq. e Equip.	400
Materiais Diversos	180
Móveis/Utensílios	800
Reservas	400
Salários a Pagar	190
Terrenos	500
Títulos a Receber L.P.	180

BALANÇO PATRIMONIAL (Valores em R$1.000,00)

ATIVO			PASSIVO		
	S.I.			S.I.	
Ativo Circulante			Passivo Circulante		
Total Ativo Circulante			Total Passivo Circulante		
Ativo Não Circulante - Realizável			Passivo Não Circulante - Exigível		
Total Realizável Não Circ.			Total Exigível Não Circ.		
Ativo Não Circulante - Permanente			Patrimônio Líquido		
Total Permanente			Patrimônio Líquido		
Total do Ativo			Total do Passivo		
Esperado	6.160		Esperado	6.160	

Dado o Balancete de Verificação, monte os saldos iniciais do novo período. Preencha os campos em branco.

Exercício Proposto V

BALANÇO PATRIMONIAL (Valores em R$1.000,00)

ATIVO		PASSIVO	
	S.I.		S.I.
Ativo Circulante		**Passivo Circulante**	
Aluguéis a Pagar	150	Capital	500
Títulos a Rec.L.P.	100	Lucro/Prej.Acum.	(100)
Veículos	200		
Salários a Pagar	300		
Total do At. Circ.	**750**	**Total do Pas. Circ.**	**400**
Ativo Não Circ. - Realizável		**Passivo Não Circ. - Exigível**	
Estoque Mat.Prima	50	Contas a Receber	450
Estoque Prod.Acab..	50	Máq. e Equip.	80
Total Realizável	**100**	**Total do Exigível**	**530**
At. Não Circ. - Permanente		**Patrimônio Líquido**	
Empréstimo	200	Caixa	50
Juros a Pagar	50	Bancos	300
Empréstimos L.P.	220	Instalações	40
Total Permanente	**470**	**Patrimônio Líq.**	**390**
Total do Ativo	**1.320**	**Total do Passivo**	**1.320**

BALANÇO PATRIMONIAL (Valores em R$1.000,00)

ATIVO		PASSIVO	
	S.I.		S.I.
Ativo Circulante		**Passivo Circulante**	
Total Ativo Circulante		**Total Passivo Circulante**	
Ativo Não Circulante - Realizável		**Passivo Não Circulante - Exigível**	
Total Realizável Não Circ.		**Total Exigível Não Circ.**	
Ativo Não Circulante - Permanente		**Patrimônio Líquido**	
Total Permanente		**Patrimônio Líquido**	
Total do Ativo		**Total do Passivo**	

Esperado	**1.320**	**Esperado**	**1.320**

O estagiário efetuou os lançamentos contábeis em lugares errados. Corrija o Balanço Patrimonial acima preenchendo os campos na tabela ao lado.

EXERCÍCIO PROPOSTO VI

BALANCETE DE VERIFICAÇÃO

A Receber de Acionistas	50
Aluguéis a Pagar	300
Aluguéis a Pagar L.P.	180
Bancos	8.000
Caixa	1.000
Capital	8.500
Contas a Receber	1.000
Empréstimos	250
Empréstimos L.P.	2.000
Estoque de Matéria-Prima	160
Estoque de Mercadoria	770
Fornecedores	500
Impostos a pagar	600
Instalações	500
Juros a Pagar	800
Lucro/Prejuízo Acumulado	(380)
Móveis/Utensílios	1.500
Objetos de Arte	300
Reservas	500
Salários a Pagar	150
Veículos	120

BALANÇO PATRIMONIAL (Valores em R$1.000,00)

ATIVO			PASSIVO		
	S.I.			S.I.	
Ativo Circulante			**Passivo Circulante**		
Total Ativo Circulante			**Total Passivo Circulante**		
Ativo Não Circulante - Realizável			**Passivo Não Circulante - Exigível**		
Total Realizável Não Circ.			**Total Exigível Não Circ.**		
Ativo Não Circulante - Permanente			**Patrimônio Líquido**		
Total Permanente			**Patrimônio Líquido**		
Total do Ativo			**Total do Passivo**		

Esperado	13.400	**Esperado**	13.400

Dado o Balancete de Verificação, monte os saldos iniciais do novo período. Preencha os campos em branco.

Guia Visual da Contabilidade

SEÇÃO 4
LANÇAMENTOS CONTÁBEIS

Guia Visual da Contabilidade

LANÇAMENTOS NO BALANÇO

Os lançamentos contábeis não utilizarão Débito nem Crédito

Será utilizado o conceito de crescimento e diminuição dos bens e das dívidas. Para isto será considerado apenas se a conta contábil aumentou ou diminuiu (o Débito e o Crédito serão explicados nos Anexos).

Como exemplo será utilizada a conta contábil "Bancos" do "Ativo Circulante". Se for depositado dinheiro no banco, o valor dos bens e direitos da empresa aumentam. Com o crescimento do montante de dinheiro, logo, o valor da conta contábil "Bancos" deverá receber um lançamento positivo para aumentar. Se um cheque for descontado, o valor dos bens diminui com a redução do valor da conta "Bancos", fazendo com que o lançamento seja negativo.

 Outro exemplo: a conta "Fornecedores" do "Passivo Circulante". No caso da empresa comprar a prazo, a dívida da empresa cresce, aumentando também a conta. Assim, o lançamento é positivo. Caso se pague algum fornecedor, a dívida da empresa diminui com a redução da conta "Fornecedores", o que gera um lançamento negativo.

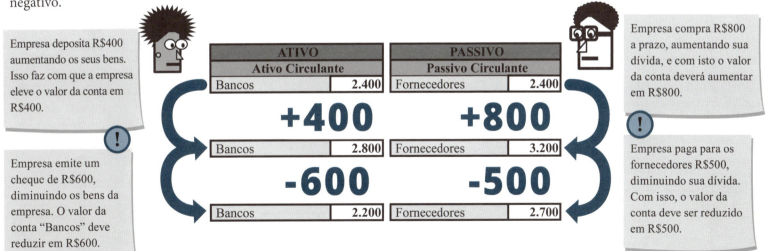

Regra de Sinais a ser utilizada nos lançamentos contábeis

Caso a transação exija um lançamento no ativo e outro no passivo, as duas transações deverão ter os mesmos sinais.

Caso a transação tenha dois lançamentos no ativo ou dois no passivo, estes lançamentos deverão ter sinais contrários.

Ativo	Passivo
+	+

Os lançamentos serão positivos se os valores das contas aumentarem.

Um lançamento aumentará o ativo e o outro o diminuirá na mesma proporção.

Ativo	Passivo
±	

Ativo	Passivo
−	−

Os lançamentos serão negativos se os valores das contas diminuírem.

O mesmo vale para o passivo.

Ativo	Passivo
	±

Caso sejam necessários mais do que dois lançamentos para contabilizar a transação, a soma dos lançamentos no passivo deverá ser igual à soma dos lançamentos no ativo. Utilizando-se esta regra, será mantido o equilíbrio da equação contábil.

A partir deste momento, esse livro irá considerar que o Patrimônio Líquido faz parte do Passivo, por serem seus valores a dívida da empresa para com os seus acionistas. Esta dívida somente será paga no caso do encerramento da empresa.

Resumindo: A partida dobrada procura manter sempre equilibrada a equação contábil:

Ativo = Passivo + Patrimônio Líquido

Livro Diário

No Livro Diário se faz um registro cronológico de todas as transações da empresa

É um relatório contábil obrigatório pela legislação brasileira, em que são registrados todas as transações contábeis efetuadas pela empresa em ordem cronológica. Ele não faz parte das Demonstrações Financeiras, mas é necessário para se registrar as transações que serão posteriormente agrupadas e cujos saldos comporão essas demonstrações.

Um possível modelo do livro diário pode ser visto na planilha ao lado. Sua montagem é no formato de uma lista com os campos de número do lançamento, data da transação, histórico, a conta de débito e sua contrapartida de crédito, e o valor da transação. Atualmente esses livros são eletrônicos e estão na memória dos computadores nos sistemas EPR (Enterprise Resourse Planning).

EMPRESA ABC

Nº do Lançamento	Data do Movimento	Histórico	Conta de Débito	Conta de Crédito	Valor

Livro Diário

LANÇAMENTOS NO BALANÇO

Exercício Passo a Passo I

A empresa Leste apresentou o seguinte Balancete de Verificação, valores em R$1.000:

BALANCETE DE VERIFICAÇÃO

Caixa	100
Capital	300
Contas a Receber	125
Empréstimos L.P.	70
Estoque de Matéria Prima	20
Fornecedores	25
Instalações	100
Aluguéis a Pagar	5
Lucro/Prejuízo Acumulado	(20)
Maq. e Equip.	40
Empréstimos	40
Salários a Pagar	15
Terrenos	50

A empresa apresentou os seguintes lançamentos do ano de 2013, retirados do livro diário.

1) Pagamento de fornecedores no valor de R$10.

2) Recebimento de duplicatas de clientes no valor de R$25, com o valor depositado em banco.

3) Compra de veículo por R$50, com o pagamento a ser efetuado em 180 dias.

4) Compra de matéria-prima a prazo no valor de R$30.

5) Compra de máquinas com pagamento feito em cheque no valor de R$10.

6) Depósito em conta corrente do banco no valor de R$50 retirados do caixa.

7) Pagamento de salários, em cheque, no valor de R$15.

8) Recebimento de R$20 dos clientes, depositado no banco.

9) Pagamento, em cheque, de R$50 para os fornecedores.

Com base nesses dados lançar os saldos iniciais e as transações contábeis no CANVAS ao lado.

RESOLVA O EXERCÍCIO NO CANVAS ABAIXO

BALANÇO PATRIMONIAL (Valores em R$1.000,00)

ATIVO	S.I.	1	2	3	4	5	6	7	8	9	S.F.
Ativo Circulante											
Caixa											
Bancos											
Contas a Receber											
A Rec. Acionistas											
Estoque Pr.Acab.											
Estoque Mt.Prima											
Total Ativo Circulante											
Ativo Não Circulante - Realizável											
Títulos a Rec.L.P.											
Total Realizável Não Circulante											
Ativo Não Circulante - Permanente											
Instalações											
Veículos											
Máq. e Equip.											
Terrenos											
Total Permanente											
Total do Ativo		**Esperado**		440		**Calculado**					

PASSIVO	S.I.	1	2	3	4	5	6	7	8	9	S.F.
Passivo Circulante											
Fornecedores											
Impostos a Pagar											
Salários a Pagar											
Empréstimo											
Aluguéis a Pagar											
Juros a Pagar											
Total Passivo Circulante											
Passivo Não Circulante - Exigível											
Aluguéis a L.P.											
Empréstimos L.P.											
Total Exigível Não Circulante											
Patrimônio Líquido											
Capital											
Lucro/Prej.Acum.											
Reservas											
Lucro Líq./Retido											
Patrimônio Líquido											
Total do Passivo		**Esperado**		440		**Calculado**					

LANÇAMENTOS NO BALANÇO

SOLUÇÃO

Inicia-se o exercício transferindo-se os Saldos Iniciais do Balancete de Verificação para as colunas S.I. (Saldo Inicial) do Balanço Patrimonial.

BALANÇO PATRIMONIAL

BALANCETE DE VERIFICAÇÃO

Caixa	100

Contas a Receber	125

Estoque Mat.Prima	20

Instalações	100

Máq. e Equip.	40
Terrenos	50

ATIVO		
	S.I.	
Ativo Circulante		
Caixa	100	
Bancos		
Contas a Receber	125	
A Rec. Acionistas		
Estoque Prod.Acab.		
Estoque Mat.Prima	20	
Total Ativo Circulante	**245**	
Ativo Não Circulante - Realizável		
Títulos a Rec.L.P.		
Total Realizável Não Circ.		
Ativo Não Circulante-Permanente		
Instalações	100	
Veículos		
Máq. e Equip.	40	
Terrenos	50	
Total Permanente	**190**	
Total do Ativo	**435**	

PASSIVO		
	S.I.	
Passivo Circulante		
Fornecedores	25	
Impostos a Pagar		
Salários a Pagar	15	
Empréstimo		
Aluguéis a Pagar	5	
Total Passivo Circulante	**45**	
Passivo Não Circulante - Exigível		
Aluguéis a L.P.		
Empréstimos L.P.	70	
Total Exigível Não Circ.	**70**	
Patrimônio Líquido		
Capital	300	
Lucro/Prej.Acum.	(20)	
Reservas	40	
Lucro Líq./Retido		
Patrimônio Líquido	**320**	
Total do Passivo	**435**	

BALANCETE DE VERIFICAÇÃO

Fornecedores	25

Salários a Pagar	15

Aluguéis a Pagar	5

Empréstimos L.P.	70

Capital	300
Lucro/Prej.Acum.	(20)
Reservas	40

> Serão apresentados, em todas as transações, os Totais do Ativo e do Passivo.
> Esses totais são a soma dos Saldos Iniciais e dos lançamentos nas contas.
> Não necessariamente o leitor precisa calculá-lo a cada passo, mas ele serve para mostrar que o balanço sempre está equilibrado.

Guia Visual da Contabilidade

Após a transferência dos valores para os Saldos Iniciais, o Balanço Patrimonial ficará com os seguintes Saldos Finais.

BALANÇO PATRIMONIAL

ATIVO	S.I.	S.F.	PASSIVO	S.I.	S.F.
Ativo Circulante			**Passivo Circulante**		
Caixa	100	100	Fornecedores	25	25
Contas a Receber	125	125	Salários a Pagar	15	15
Estoque Mat.Prima	20	20	Aluguéis a Pagar	5	5
Total Ativo Circulante		245	**Total Passivo Circulante**		45
Ativo Não Circ. - Realizável			**Passivo Não Circ. - Exigível**		
			Empréstimos L.P.	70	70
Total Realizável			**Total Exigível**		70
Ativo Não Circ.-Permanente			**Patrimônio Líquido**		
Instalações	100	100	Capital	300	300
Máq. e Equip.	40	40	Lucro/Prej.Acum.	(20)	(20)
Terrenos	50	50	Reservas	40	40
Total Permanente		190	**Patrimônio Líquido**		320
Total do Ativo		435	**Total do Passivo**		435

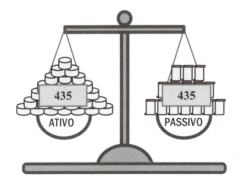

1) Pagamento de fornecedores no valor de R$10.

BALANÇO PATRIMONIAL

A 1ª transação é lançada nas colunas de número 1

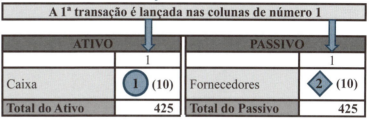

A origem dos recursos veio do Caixa, devido a empresa pagar os fornecedores em dinheiro. Lançamento negativo por diminuir o saldo do Caixa em R$(10). ①

O destino dos recursos foi o pagamento da dívida com os fornecedores. Como diminuiu a dívida, será feito um lançamento negativo no valor de R$(10). ②

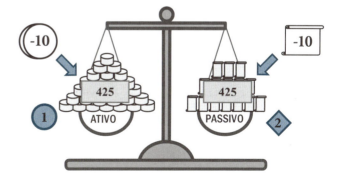

LANÇAMENTOS NO BALANÇO 55

2) Recebimento de duplicatas de clientes no valor de R$25, com o valor depositado em banco.

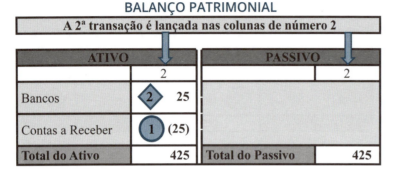

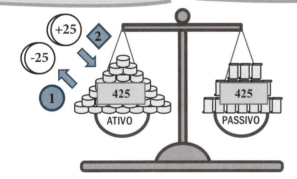

3) Compra de veículo por R$50, com o pagamento a ser efetuado em 180 dias.

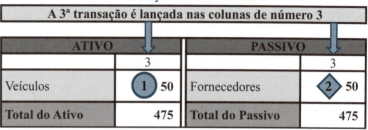

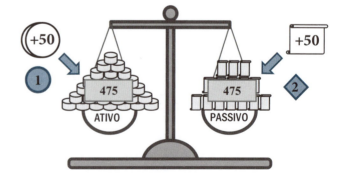

4) Compra de matéria-prima a prazo no valor de R$30.

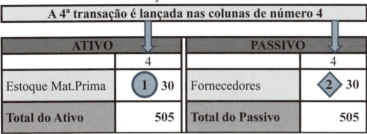

5) Compra de máquinas com pagamento feito em cheque no valor de R$10.

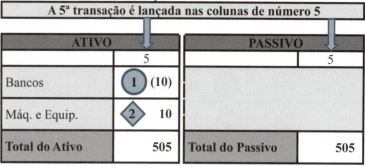

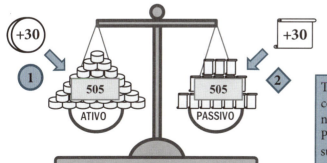

Toda Matéria-Prima comprada é depositada no "Estoque de Matéria-Prima", aguardando a sua utilização.

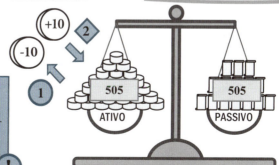

LANÇAMENTOS NO BALANÇO

6) Depósito em conta corrente do banco no valor de R$50 retirados do caixa.

7) Pagamento de salários, em cheque, no valor de R$15.

BALANÇO PATRIMONIAL

A 6ª transação é lançada nas colunas de número 6			
ATIVO		**PASSIVO**	
	6		6
Caixa	① (50)		
Bancos	② 50		
Total do Ativo	505	Total do Passivo	505

BALANÇO PATRIMONIAL

A 7ª transação é lançada nas colunas de número 7			
ATIVO		**PASSIVO**	
	7		7
Bancos	① (15)	Salários a Pagar	② (15)
Total do Ativo	490	Total do Passivo	490

A origem do recurso veio do Caixa, que foi diminuído em R$(50) com o depósito no banco. Negativo por diminuir a quantidade de dinheiro no Caixa. ①

Em contrapartida, o destino do recurso foi o Banco, cujo saldo aumentou em R$50. O sinal é positivo pois aumentou o valor em conta corrente. ②

A origem dos recursos veio do Banco, com um pagamento em cheque. Será lançado R$(15) negativo, por diminuir o saldo em conta corrente. ①

O destino foi o pagamento da dívida com os empregados. Será lançado o valor de R$(15), negativo, por diminuir o valor das dívidas da empresa. ②

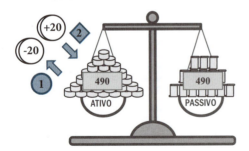
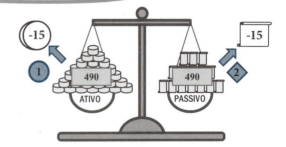

58 Guia Visual da Contabilidade

8) Recebimento de R$20 dos clientes, depositado no banco.

BALANÇO PATRIMONIAL

A 8ª transação é lançada nas colunas de número 8				
ATIVO			PASSIVO	
	8			8
Bancos	②	20		
Contas a Receber	①	(20)		
Total do Ativo		490	Total do Passivo	490

A origem foram os Clientes, que pagaram parte do que deviam. Com isso diminuíram suas dívidas, logo será lançado R$(20) negativo. ①

Em contrapartida o destino do recurso foi o Banco, cujo saldo aumentou em R$20. O sinal é positivo pois aumentou o valor dos bens e direitos. ②

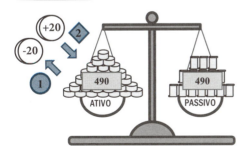

9) Pagamento, em cheque, de R$50 para os fornecedores.

BALANÇO PATRIMONIAL

A 9ª transação é lançada nas colunas de número 9				
ATIVO			PASSIVO	
	9			9
Bancos	①	(50)	Fornecedores	② (50)
Total do Ativo		440	Total do Passivo	440

A origem foi o Banco, que foi utilizado para pagar os Fornecedores. Foi lançado R$(50) com sinal negativo porque diminuiu o saldo. ①

O destino foi o pagamento dos Fornecedores. Foi lançado R$(50) com sinal negativo, porque diminuiu a dívida. ②

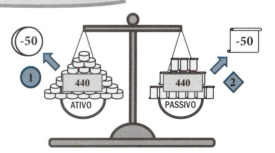

LANÇAMENTOS NO BALANÇO

Resposta do Exercício

O Canvas preenchido é apresentado a seguir.

BALANÇO PATRIMONIAL (Valores em R$1.000,00)

ATIVO

	S.I.	1	2	3	4	5	6	7	8	9	S.F.
Ativo Circulante											
Caixa	100	(10)					(50)				40
Bancos			25			(10)	50	(15)	20	(50)	20
Contas a Receber	125		(25)						(20)		80
A Rec. Acionistas											
Estoque Pr.Acab.											
Estoque Mt.Prima	20				30						50
Total Ativo Circulante											190
Ativo Não Circulante - Realizável											
Títulos a Rec.L.P.											
Total Realizável Não Circulante											
Ativo Não Circulante - Permanente											
Instalações	100										100
Veículos			50								50
Máq. e Equip.	40					10					50
Terrenos	50										50
Total Permanente											250
Total do Ativo	Esperado			440	Calculado						440

PASSIVO

	S.I.	1	2	3	4	5	6	7	8	9	S.F.
Passivo Circulante											
Fornecedores	25	(10)		50	30					(50)	45
Impostos a Pagar											
Salários a Pagar	15							(15)			
Empréstimo											
Aluguéis a Pagar	5										5
Total Passivo Circulante											50
Passivo Não Circulante - Exigível											
Aluguéis a L.P.											
Empréstimos L.P.	70										70
Total Exigível Não Circulante											70
Patrimônio Líquido											
Capital	300										300
Lucro/Prej.Acum.	(20)										(20)
Reservas	40										40
Lucro Líq./Retido											
Patrimônio Líquido											320
Total do Passivo	Esperado			440	Calculado						440

Considerações sobre os lançamentos.

Todos os lançamentos obedeceram às regras de sinais expostas no início desta seção.

Esses lançamentos equilibraram o Balanço e em todas as movimentações o Total de Ativo foi igual ao Total de Passivo. É como se a cada transação "Fechasse o Balanço".

LANÇAMENTOS NO BALANÇO

Exercício Passo a Passo II

A empresa Sul S.A apresentou o seguinte Balancete de Verificação, em dezembro de X7.

BALANCETE DE VERIFICAÇÃO

Capital Social	300
Imóveis em Uso	200
Bancos c/ Movimento	100
Títulos a Receb. (2,5 anos)	70
Instalações	50
Particip. em Outras Cias.	80
Veículos	30
Fornecedores	40
Empr. Bancár. (1,5 ano)	50
Imp. Renda a Pagar	30
Salários a Pagar	10
Lucros Acumulados	100

No período de X8 ocorreram as seguintes transações que foram obtidas do Livro Diário:

1) Aumento de capital no valor de R$150, sendo que R$100 foi depositado no banco e o resto a receber em curto prazo.

2) Compra de matéria-prima, à vista por R$60, com pagamento em cheque.

3) Pagamento de R$40 da dívida com os fornecedores por meio de um cheque.

4) Pagamento dos salários pendentes, no valor de R$10, através de um cheque.

5) Compra de um veículo por R$150, com pagamento em curto prazo.

6) Venda de imóveis da empresa por R$200, com recebimento em curto prazo.

7) Compra de matéria-prima por R$50, com pagamento no curto prazo.

8) Os acionistas integralizaram R$50 de sua dívida com depósito no banco.

9) Pagamento de R$50 do devido aos fornecedores, em cheque.

Com base nesses dados lançar os saldos iniciais e as transações contábeis no CANVAS ao lado.

RESOLVA O EXERCÍCIO NO CANVAS ABAIXO

BALANÇO PATRIMONIAL (Valores em R$1.000,00)

ATIVO	S.I.	1	2	3	4	5	6	7	8	9	S.F.
Ativo Circulante											
Caixa e Bancos											
Contas a Receber											
A Rec.Acionistas											
Estoque Pr.Acab.											
Estoque Mt.Prima											
Materiais Diver.											
Total Ativo Circulante											
Ativo Não Circulante - Realizável											
Títulos a Rec.L.P.											
Total Realizável Não Circulante											
Ativo Não Circulante - Permanente											
Instalações											
Veículos											
Imóveis											
Participações											
Total Permanente											
Total do Ativo		**Esperado**		780	**Calculado**						

PASSIVO	S.I.	1	2	3	4	5	6	7	8	9	S.F.
Passivo Circulante											
Fornecedores											
Impostos a Pagar											
Salários a Pagar											
Empréstimo											
Aluguéis a Pagar											
Juros a Pagar											
Total Passivo Circulante											
Passivo Não Circulante - Exigível											
Aluguéis a L.P.											
Empréstimos L.P.											
Total Exigível Não Circulante											
Patrimônio Líquido											
Capital											
Lucro/Prej.Acum.											
Reservas											
Lucro Líq./Retido											
Patrimônio Líquido											
Total do Passivo		**Esperado**		780	**Calculado**						

Solução

Inicia-se o exercício transferindo-se os Saldos Iniciais do Balancete de Verificação para as colunas S.I. (Saldo Inicial) do Balanço Patrimonial.

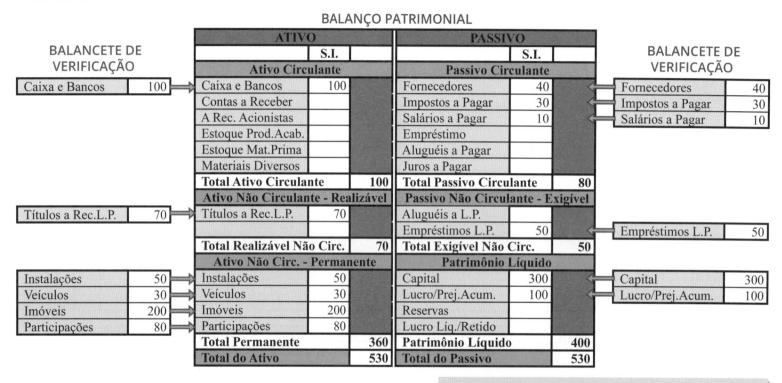

> Serão apresentados, em todas as transações, os Totais do Ativo e do Passivo. Esses totais são a soma dos Saldos Iniciais e dos lançamentos nas contas. Não necessariamente o leitor precisa calculá-lo a cada passo, mas ele serve para mostrar que o balanço sempre está equilibrado.

Após a transferência dos valores para os Saldos Iniciais, o Balanço Patrimonial ficará com os seguintes Saldos Finais.

BALANÇO PATRIMONIAL

ATIVO	S.I.	S.F.	PASSIVO	S.I.	S.F.
Ativo Circulante			**Passivo Circulante**		
Caixa e Bancos	100	100	Fornecedores	40	40
Contas a Receber			Impostos a Pagar	30	30
A Rec. Acionistas			Salários a Pagar	10	10
Total Ativo Circulante		100	**Total Passivo Circulante**		80
Ativo Não Circ. - Realizável			**Passivo Não Circulante**		
Títulos a Rec.L.P.	70	70	Empréstimos L.P.	50	50
Total do Não Circulante		70	**Total do Não Circulante**		50
Ativo Não Circ. - Permanente			**Patrimônio Líquido**		
Instalações	50	50	Capital	300	300
Veículos	30	30	Lucro/Prej.Acum.	100	100
Imóveis	200	200	Reservas		
Participações	80	80	Lucro Líq./Retido		
Total Permanente		360	**Patrimônio Líquido**		400
Total do Ativo		530	**Total do Passivo**		530

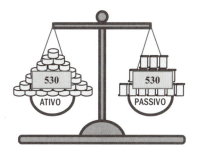

1) Aumento de capital no valor de R$150, sendo que R$100 foi depositado no banco e o resto a receber em curto prazo.

BALANÇO PATRIMONIAL

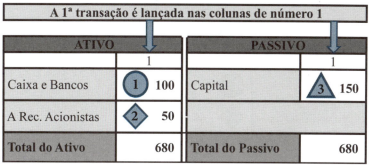

Ocorreram dois destinos para os recursos, R$100 em dinheiro, que foi para o Caixa e R$50 A Receber dos Acionistas. Ambos positivos, pois aumentam o ativo. ① ③

A origem dos recursos é o aumento do Capital da empresa em R$150. O lançamento é positivo por aumentar a dívida da empresa com os acionistas. ②

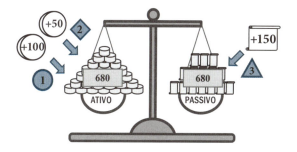

LANÇAMENTOS NO BALANÇO

2) Compra de matéria-prima, à vista por R$60, com pagamento em cheque.

BALANÇO PATRIMONIAL

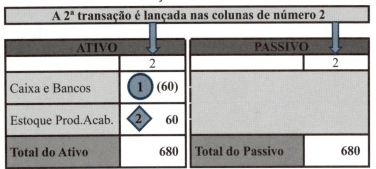

A 2ª transação é lançada nas colunas de número 2

ATIVO	2
Caixa e Bancos	① (60)
Estoque Prod.Acab.	② 60
Total do Ativo	680

PASSIVO	2
Total do Passivo	680

A empresa pagou a Matéria-Prima, diminuindo o seu saldo no Banco em R$(60). Essa foi a origem dos recursos. Negativo por diminuir o saldo. ①

O destino dos recursos é o Estoque de Matéria-Prima, que aumentou o seu valor em R$60. Positivo por aumentar o valor do ativo. ②

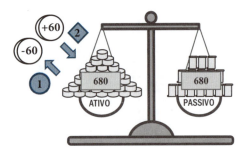

3) Pagamento de R$40 da dívida com os fornecedores por meio de um cheque.

BALANÇO PATRIMONIAL

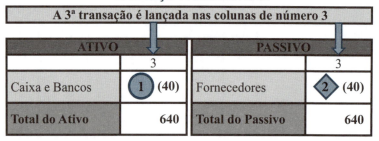

A 3ª transação é lançada nas colunas de número 3

ATIVO	3
Caixa e Bancos	① (40)
Total do Ativo	640

PASSIVO	3
Fornecedores	② (40)
Total do Passivo	640

A origem dos recursos veio do Banco, pois a empresa pagou os fornecedores com um cheque. Lançamento negativo por diminuir R$(40) o saldo no Banco. ①

O destino foi o pagamento da dívida com os fornecedores. Como diminuiu, a dívida será um lançamento negativo, no valor de R$(40). ②

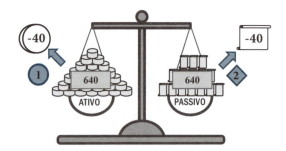

Guia Visual da Contabilidade

4) Pagamento dos salários pendentes, no valor de R$10, através de um cheque.

BALANÇO PATRIMONIAL

A 4ª transação é lançada nas colunas de número 4			
ATIVO	4	**PASSIVO**	4
Caixa e Bancos	① (10)	Salários a Pagar	② (10)
Total do Ativo	630	Total do Passivo	630

A origem dos recursos veio do Banco, com um pagamento em cheque. Será lançado R$(10) negativo, por diminuir o saldo em conta corrente. ①

O destino foi o pagamento da dívida com os empregados. Será lançado R$(10), negativo, por diminuir o valor das dívidas da empresa. ②

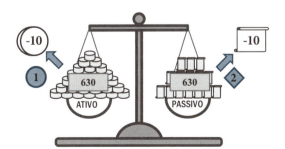

5) Compra de um veículo por R$150, com pagamento em curto prazo.

BALANÇO PATRIMONIAL

A 5ª transação é lançada nas colunas de número 5			
ATIVO	5	**PASSIVO**	5
Veículos	① 150	Fornecedores	② 150
Total do Ativo	780	Total do Passivo	780

O destino dos recursos é a conta de Veículos, que aumentou em R$150. O lançamento é positivo por aumentar os bens e direitos da empresa. ①

A origem dos recursos foi um aumento na dívida com os fornecedores. Por aumentar a dívida, aumenta-se o passivo. Por isso o lançamento é positivo. ②

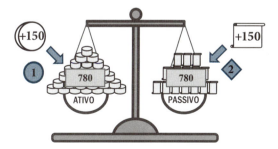

LANÇAMENTOS NO BALANÇO

6) Venda de imóveis da empresa por R$200, com recebimento em curto prazo.

BALANÇO PATRIMONIAL

A 6ª transação é lançada nas colunas de número 6

ATIVO	6
Contas a Receber	② 200
Imóveis	① (200)
Total do Ativo	780

PASSIVO	6
Total do Passivo	780

A origem dos recursos foram os imóveis vendidos. O lançamento é negativo por diminuir o valor dos bens imóveis do ativo. ①

Quem comprou ficou devendo R$200 para a empresa, o que aumentou o seu "Contas a Receber" neste valor. O lançamento é positivo. ②

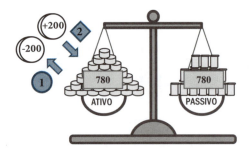

7) Compra de matéria-prima por R$50, com pagamento no curto prazo.

BALANÇO PATRIMONIAL

A 7ª transação é lançada nas colunas de número 7

ATIVO	7
Estoque Mat.Prima	① 50
Total do Ativo	830

PASSIVO	7
Fornecedores	② 50
Total do Passivo	830

O destino foi o aumento do valor da conta de Matéria-Prima. Por aumentar os bens e direitos (ativos) o lançamento deverá ser positivo. ①

A origem dos recursos é a dívida da empresa com os fornecedores, que será paga no curto prazo, mas aumenta o passivo em R$50, positivo ②

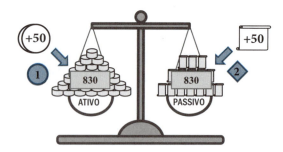

8) Os acionistas integralizaram R$50 de sua dívida com depósito no banco.

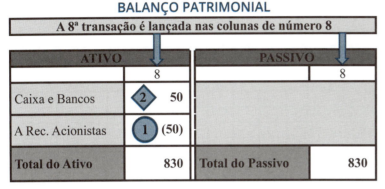

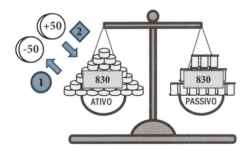

9) Pagamento de R$50 do devido aos fornecedores, em cheque.

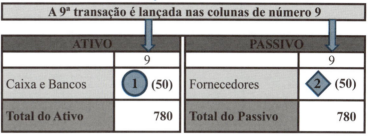

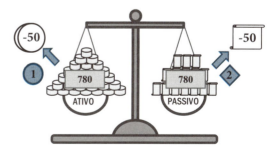

LANÇAMENTOS NO BALANÇO

RESPOSTA DO EXERCÍCIO

O Canvas preenchido é apresentado a seguir.

BALANÇO PATRIMONIAL (Valores em R$1.000,00)

ATIVO

	S.I.	1	2	3	4	5	6	7	8	9	S.F.
Ativo Circulante											
Caixa e Bancos	100	100	(60)	(40)	(10)				50	(50)	90
Contas a Receber											
A Rec. Acionistas							200				200
Estoque Pr.Acab.		50							(50)		
Estoque Mt.Prima			60					50			110
Materiais Diver.											
Total Ativo Circulante											**400**
Ativo Não Circulante - Realizável											
Títulos a Rec.L.P.	70										70
Total Realizável Não Circulante											**70**
Ativo Não Circulante - Permanente											
Instalações	50										50
Veículos	30				150						180
Imóveis	200					(200)					
Participações	80										80
Total Permanente											**310**
Total do Ativo			**Esperado**		**780**		**Calculado**				**780**

PASSIVO

	S.I.	1	2	3	4	5	6	7	8	9	S.F.
Passivo Circulante											
Fornecedores	40			(40)		150		50		(50)	150
Impostos a Pagar	30										30
Salários a Pagar	10				(10)						
Empréstimos											
Aluguéis a Pagar											
Juros a Pagar											
Total Passivo Circulante											**180**
Passivo Não Circulante - Exigível											
Aluguéis a L.P.											
Empréstimos L.P.	50										50
Total Exigível Não Circulante											**50**
Patrimônio Líquido											
Capital	300	150									450
Lucro/Prej.Acum.	100										100
Reservas											
Lucro Líq./Retido											
Patrimônio Líquido											**550**
Total do Passivo			**Esperado**		**780**		**Calculado**				**780**

Guia Visual da Contabilidade

LANÇAMENTOS NO BALANÇO 71

Exercício Proposto I

A empresa Norte S.A apresentou o seguinte Balancete de Verificação em dez /X3. Caso a conta não exista na planilha crie a mesma em uma linha em branco.

BALANCETE DE VERIFICAÇÃO

Salários a Pagar	11
Dinheiro em caixa	2
Estoque de mat.prim.	45
Contas a pagar	35
Máq. e Equip.	50
Duplicatas a receber	7
Empréstimos a pagar	18
Capital	320
Prejuízo acumulado	10
Veículos	32
Conta corrente bancária	4
Terrenos e edifícios	234

Construir o balanço a partir das transações abaixo:

1) Aumento de capital no valor de R$300, com R$200 depositados no banco e o resto a receber em curto prazo.

2) Saque de R$200 no Banco para compor o Caixa.

3) Pagamento de R$25 para os fornecedores, em dinheiro.

4) Compra de veículo por R$50, a prazo.

5) Pagamento dos salários a pagar no valor de R$11, em cheque.

6) Venda de um terreno que foi comprado por R$80 pelo mesmo valor, depositado no banco.

7) Compra de móveis R$50, a prazo.

8) Depósito de R$100 dos acionistas.

9) Compra de MP à vista por R$60, com cheque.

Com base nesses dados lançar os saldos iniciais e as transações contábeis no CANVAS ao lado.

RESOLVA O EXERCÍCIO NO CANVAS ABAIXO

BALANÇO PATRIMONIAL (Valores em R$1.000,00)

ATIVO	S.I.	1	2	3	4	5	6	7	8	9	S.F.
Ativo Circulante											
Caixa											
Bancos											
Contas a Receber											
A Rec. Acionistas											
Estoque Pr.Acab.											
Estoque Mt.Prima											
Total Ativo Circulante											
Ativo Não Circulante - Realizável											
Títulos a Rec.L.P.											
Total Realizável Não Circulante											
Ativo Não Circulante - Permanente											
Móveis/Utensílios											
Veículos											
Máq. e Equip.											
Terrenos											
Total Permanente											
Total do Ativo	**Esperado**			738		**Calculado**					

PASSIVO	S.I.	1	2	3	4	5	6	7	8	9	S.F.
Passivo Circulante											
Fornecedores											
Impostos a Pagar											
Salários a Pagar											
Empréstimo											
Aluguéis a Pagar											
Juros a Pagar											
Total Passivo Circulante											
Passivo Não Circulante - Exigível											
Aluguéis a L.P.											
Empréstimos L.P.											
Total Exigível Não Circulante											
Patrimônio Líquido											
Capital											
Lucro/Prej.Acum.											
Reservas											
Lucro Líq./Retido											
Patrimônio Líquido											
Total do Passivo	**Esperado**			738		**Calculado**					

LANÇAMENTOS NO BALANÇO

Exercício Proposto II

A empresa Bambui Comercial apresenta abaixo os saldos e as transações do período. Construir o Balanço Patrimonial.

Caixa R$50; Capital R$200; Móveis/Utensílios R$120; Estoque de Mercadorias R$50; Fornecedores R$58; Salários a Pagar R$12; Empréstimo de Curto Prazo R$40; Contas a Receber R$90.

Lançamentos no período de 2009:

1) Aumento de capital no valor de R$150, com integralização em dinheiro.

2) Compra de alguns balcões e prateleiras à vista por R$60.

3) Aquisição de mercadorias, a prazo, no valor de R$80.

4) Abertura de uma conta corrente no banco por meio de um depósito em dinheiro, no valor de R$70.

5) Pagamento de salários, em cheques, no valor de R$12.

6) Recebimento de duplicatas no valor de R$35, com depósito no banco.

7) Pagamento aos fornecedores de R$69, em dinheiro.

8) Pagamento de empréstimos no valor de R$10, em cheque

9) Compra de mercadoria à vista, com um cheque de R$40.

Com base nesses dados lançar os saldos iniciais e as transações contábeis no CANVAS anterior.

RESOLVA O EXERCÍCIO NO CANVAS ABAIXO

BALANÇO PATRIMONIAL (Valores em R$1.000,00)

ATIVO	S.I.	1	2	3	4	5	6	7	8	9	S.F.
Ativo Circulante											
Caixa											
Bancos											
Contas a Receber											
A Rec. Acionistas											
Estoque Mercad.											
Materiais Diver.											
Total Ativo Circulante											
Ativo Não Circulante - Realizável											
Títulos a Rec.L.P.											
Total Realizável Não Circulante											
Ativo Não Circulante - Permanente											
Instalações											
Móveis/utensílios											
Veículos											
Terrenos											
Total Permanente											
Total do Ativo		Esperado		449	Calculado						

PASSIVO	S.I.	1	2	3	4	5	6	7	8	9	S.F.
Passivo Circulante											
Fornecedores											
Impostos a Pagar											
Salários a Pagar											
Empréstimo											
Aluguéis a Pagar											
Juros a Pagar											
Total Passivo Circulante											
Passivo Não Circulante - Exigível											
Aluguéis a L.P.											
Empréstimos L.P.											
Total Exigível Não Circulante											
Patrimônio Líquido											
Capital											
Lucro/Prej.Acum.											
Reservas											
Lucro Líq./Retido											
Patrimônio Líquido											
Total do Passivo		Esperado		449	Calculado						

LANÇAMENTOS NO BALANÇO

Exercício Proposto III

A Indústria BETA apresentou as seguintes contas em 31/12/X4. Construa o saldo inicial de 01/01/X5:

BALANCETE DE VERIFICAÇÃO

Caixa	200
A Receber de Acionistas	200
Capital	600
Empréstimo	100
Estoque de Matéria-Prima	50
Estoque de Prod. Acabado	50
Fornecedores	50
Imóveis	100
Instalações	50
Títulos a Rec.L.P.	50
Veículos	50

Lançamentos no período de X5 :

1) Aumento de capital no valor de R$300 com R$200 em dinheiro e o resto a receber em curto prazo.

2) Pagamento de fornecedores no valor de R$30.

3) Depósito de R$300, no banco.

4) Compra de matéria-prima por R$100, a prazo.

5) Pagamento de fornecedores no valor de R$25, em dinheiro, e R$25 em cheque.

6) Pagamento de R$50 de um empréstimo, com um cheque.

7) Depósito no banco de R$100 devido pelos acionistas.

8) Compra de matéria-prima por R$50, a prazo.

9) Compra de máquinas à vista com um cheque de R$80.

Com base nesses dados lançar os saldos iniciais e as transações contábeis no CANVAS ao lado.

RESOLVA O EXERCÍCIO NO CANVAS ABAIXO

BALANÇO PATRIMONIAL (Valores em R$1.000,00)

ATIVO	S.I.	1	2	3	4	5	6	7	8	9	S.F.
Ativo Circulante											
Caixa											
Bancos											
Contas a Receber											
A Rec. Acionistas											
Estoque Pr.Acab.											
Estoque Mt.Prima											
Total Ativo Circulante											
Ativo Não Circulante - Realizável											
Títulos a Rec.L.P.											
Total Realizável Não Circulante											
Ativo Não Circulante - Permanente											
Instalações											
Imóveis											
Veículos											
Maq. e Equip.											
Total Permanente											
Total do Ativo	Esperado			1.070		Calculado					

PASSIVO	S.I.	1	2	3	4	5	6	7	8	9	S.F.
Passivo Circulante											
Fornecedores											
Impostos a Pagar											
Salários a Pagar											
Empréstimo											
Aluguéis a Pagar											
Juros a Pagar											
Total Passivo Circulante											
Passivo Não Circulante - Exigível											
Aluguéis a L.P.											
Empréstimos L.P.											
Total Exigível Não Circulante											
Patrimônio Líquido											
Capital											
Lucro/Prej.Acum.											
Reservas											
Lucro Líq./Retido											
Patrimônio Líquido											
Total do Passivo	Esperado			1.070		Calculado					

Exercício Proposto IV

A empresa Alpha S.A iniciou as suas atividades em janeiro de 2013, portanto não apresenta saldos iniciais nas suas contas.

Dado suas transações abaixo, construa o Balanço Patrimonial (valores em R$1.000):

1) Abertura da empresa com um capital inicial no valor de R$120, depositado no banco.

2) Compra de terreno no valor de R$100; com R$20 pago à vista e R$80 em prestações.

3) Compra de móveis à vista por R$30.

4) Compra de máquinas por R$40 a prestações.

5) Tomado um empréstimo bancário de curto prazo no valor de R$10.

6) Pagamento de parte das máquinas no valor de R$10.

7) Aumento de capital no valor de R$50, integralizado e depositado no banco.

8) Compra de matéria-prima à vista no valor de R$70.

9) Amortização de parte do empréstimo bancário no valor de R$10.

Com base nesses dados, lançar os saldos iniciais e as transações contábeis no CANVAS ao lado.

RESOLVA O EXERCÍCIO NO CANVAS ABAIXO

BALANÇO PATRIMONIAL (Valores em R$1.000,00)

ATIVO	S.I.	1	2	3	4	5	6	7	8	9	S.F.
Ativo Circulante											
Caixa											
Bancos											
Contas a Receber											
A Rec. Acionistas											
Estoque Pr.Acab.											
Estoque Mt.Prima											
Total Ativo Circulante											
Ativo Não Circulante - Realizável											
Títulos a Rec.L.P.											
Total Realizável Não Circulante											
Ativo Não Circulante - Permanente											
Móveis/Utensílios											
Imóveis											
Veículos											
Maq. Equip.											
Total Permanente											
Total do Ativo		**Esperado**		**280**		**Calculado**					

PASSIVO	S.I.	1	2	3	4	5	6	7	8	9	S.F.
Passivo Circulante											
Fornecedores											
Impostos a Pagar											
Salários a Pagar											
Empréstimo											
Aluguéis a Pagar											
Juros a Pagar											
Total Passivo Circulante											
Passivo Não Circulante - Exigível											
Aluguéis a L.P.											
Empréstimos L.P.											
Total Exigível Não Circulante											
Patrimônio Líquido											
Capital											
Lucro/Prej.Acum.											
Reservas											
Lucro Líq./Retido											
Patrimônio Líquido											
Total do Passivo		**Esperado**		**280**		**Calculado**					

EXERCÍCIO PROPOSTO V

A GAMA Comercial apresentou as seguintes contas em 31/12/X0. Construa o saldo inicial de 01/01/X1:

BALANCETE DE VERIFICAÇÃO

Caixa	100
Capital	350
Móveis/Utensílios	150
Estoque e Mercadorias	77
Fornecedores	50
Salários a Pagar	15
Reservas	50
Contas a Receber	100
Prejuízo	(38)

Construir o balanço a partir das transações abaixo

1) Depósito em banco de R$50, retirado do caixa.

2) Pagamento em dinheiro no valor de R$5 aos fornecedores.

3) O total de salários devidos foi pago com um cheque.

4) Pagamento de fornecedores no valor de R$40, em dinheiro.

5) Compra à vista, em cheque, de um veículo no valor de R$25.

6) Compra a prazo de mercadorias no valor de R$10.

7) Recebimento dos clientes de R$10 do Contas a Receber.

8) Compra de móveis à vista no valor de R$10.

9) Pagamento de R$10 dos fornecedores com um cheque.

Com base nesses dados, lance os saldos iniciais e as transações contábeis no CANVAS ao lado.

Guia Visual da Contabilidade

RESOLVA O EXERCÍCIO NO CANVAS ABAIXO

BALANÇO PATRIMONIAL (Valores em R$1.000,00)

ATIVO													PASSIVO											
	S.I.	1	2	3	4	5	6	7	8	9	S.F.			S.I.	1	2	3	4	5	6	7	8	9	S.F.
Ativo Circulante													**Passivo Circulante**												
Caixa													Fornecedores											
Bancos													Impostos a Pagar											
Contas a Receber													Salários a Pagar											
A Rec. Acionistas													Empréstimo											
Estoque Mercad.													Aluguéis a Pagar											
													Juros a Pagar											
Total Ativo Circulante													**Total Passivo Circulante**												
Ativo Não Circulante - Realizável													**Passivo Não Circulante - Exigível**												
Títulos a Rec.L.P.													Aluguéis a L.P.											
													Empréstimos L.P.											
Total Realizável Não Circulante													**Total Exigível Não Circulante**												
Ativo Não Circulante - Permanente													**Patrimônio Líquido**												
Instalações													Capital											
Móveis/utencílios													Lucro/Prej.Acum.											
Veículos													Reservas											
Maq. Equip.													Lucro Líq./Retido											
Total Permanente													**Patrimônio Líquido**												
Total do Ativo			**Esperado**			367		**Calculado**					**Total do Passivo**			**Esperado**			367		**Calculado**		

LANÇAMENTOS NO BALANÇO 81

Exercício Proposto VI

A SIGMA apresentou o balancete e as transações a seguir. Construa o Balanço Patrimonial.

BALANCETE DE VERIFICAÇÃO

Caixa	100
Bancos	10
Capital	300
Contas a Receber	150
Empréstimo	45
Fornecedores	110
Instalações	200
Participações	15
Salários a Pagar	90
Veículos	70

Construir o balanço a partir das transações abaixo

1) Depósito no banco de R$100, retirado do caixa.

2) Pagamento de R$40 devido aos fornecedores, em cheque.

3) Pagamento, através de cheque, de R$45 devido em salários.

4) Comprou a prazo R$25 de matéria-prima.

5) Pagou R$15 dos valores devidos aos fornecedores, em cheque.

6) Pagou R$20 dos valores devidos dos salários com cheques.

7) Recebeu um título de R$120 do "Contas a Receber".

8) Comprou R$40 de mercadorias a prazo.

9) Pagou R$50 dos valores devidos aos fornecedores em cheque.

Com base nesses dados, lance os saldos iniciais e as transações contábeis no CANVAS ao lado.

RESOLVA O EXERCÍCIO NO CANVAS ABAIXO

BALANÇO PATRIMONIAL (Valores em R$1.000,00)

ATIVO	S.I.	1	2	3	4	5	6	7	8	9	S.F.
Ativo Circulante											
Caixa											
Bancos											
Contas a Receber											
A Rec. Acionistas											
Estoque Pr.Acab.											
Estoque Mt.Prima											
Total Ativo Circulante											
Ativo Não Circulante - Realizável											
Títulos a Rec.L.P.											
Total Realizável Não Circulante											
Ativo Não Circulante - Permanente											
Instalações											
Móveis/Utensílios											
Veículos											
Participações											
Total Permanente											
Total do Ativo		**Esperado**		**440**		**Calculado**					

PASSIVO	S.I.	1	2	3	4	5	6	7	8	9	S.F.
Passivo Circulante											
Fornecedores											
Impostos a Pagar											
Salários a Pagar											
Empréstimo											
Aluguéis a Pagar											
Juros a Pagar											
Total Passivo Circulante											
Passivo Não Circulante - Exigível											
Aluguéis a L.P.											
Empréstimos L.P.											
Total Exigível Não Circulante											
Patrimônio Líquido											
Capital											
Lucro/Prej.Acum.											
Reservas											
Lucro Líq./Retido											
Patrimônio Líquido											
Total do Passivo		**Esperado**		**440**		**Calculado**					

Guia Visual da Contabilidade

SEÇÃO 5
DEMONSTRAÇÃO DE RESULTADOS

Guia Visual da Contabilidade

DEMONSTRAÇÃO DE RESULTADOS DO EXERCÍCIO

DRE

Achando o lucro da empresa

Até esse momento, não foram feitos lançamentos de receitas, de custos e de despesas. Para esses lançamentos existem algumas contas chamadas de **"contas de resultados"**. Essas contas se encontram em um demonstrativo próprio, denominado **"Demonstração de Resultado do Exercício" (DRE)**.

DEMONSTRAÇÃO DE RESULTADOS

DRE	1	2	3	4	5	6	7	8	9	S.F
Receitas de Vendas Brutas										①
Impostos Indiretos										
Receitas de Vendas Líquid.										②
C.P.V. / C.M.V.										
Lucro Bruto										
Despesas Administrativas										
Despesas Vendas										
Lucro Antes Res. Fin.										
Receitas Financeiras										③
Despesas Financeiras										
Lucro Antes do IR										
Imposto de Renda										
Dividendos										
Lucro Líquido/Retido										

Receitas

As vendas e os juros

Receitas são as contas contábeis que apresentam os valores recebidos pela empresa. Essas receitas são separadas em receitas operacionais, que são as das vendas dos produtos ou serviços, e receitas financeiras que são os juros recebidos pelas aplicações financeiras.

① Receitas de Vendas Brutas. É a soma das vendas do período sem descontar os impostos sobre a venda (IPI e ICMS), sem os descontos comerciais e as devoluções. É a soma dos valores totais das notas fiscais do período. Geralmente é a primeira linha do DRE.

② As Receitas de Vendas Líquidas correspondem às Receitas de Vendas Brutas descontado os impostos, descontos comerciais e devoluções.

③ As Receitas Financeiras são os juros recebidos por aplicações financeiras. Estes valores devem ser lançados após a apuração do Lucro Antes dos Resultados Financeiros.

GASTOS x DESPESAS x CUSTOS

GASTOS

Gasto é um sacrifício financeiro

É importante definir o que são os gastos, os custos e as despesas antes de ser explicado a Demonstração de Resultados.

Será definido como gasto um dispêndio financeiro genérico da empresa. Todos os valores pagos ou a pagar pela empresa são chamados de gastos.

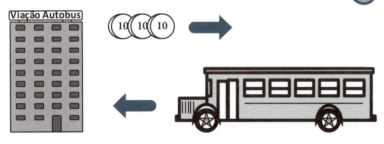

Como exemplo, os gastos podem ser para comprar ativos permanentes (móveis, imóveis, veículos, máquinas e equipamentos). Estes ativos são denominados "Investimentos", serão "imobilizados" e sofrerão um tratamento contábil denominado "depreciação", que será explicado à frente.

DESPESAS

Despesas são gastos da administração

Uma classe de gastos são as despesas, que são todos os pagamentos, ou os reconhecimentos de dívidas, feitas pelas áreas administrativas da empresa.

São todos os gastos do escritório. Salário dos funcionários, comissão de vendas, água, eletricidade, gás, material de consumo, pró labore dos administradores, depreciação das máquinas, dos imóveis e dos veículos do escritório, etc.

Estes gastos deverão ser lançados imediatamente, ou seja, no momento em que ocorrerem, na Demonstração de Resultados.

 As despesas administrativas deverão ser lançadas em uma conta de **"Despesas Administrativas"**.

 Comissão de vendas e despesas com entrega de produto devem ser lançadas em **"Despesas de Vendas"**.

 Juros deverão ser lançados em **"Despesas Financeiras"**.

DRE

Rec.Vendas Brutas
(-) Impostos Indiretos
(=)Rec.de Vendas Liq.
(-) C.P.V. / C.M.V.
(=)Lucro Bruto
(-) Despesas Admin.
(-) Despesas Vendas
(=)Lucro Antes Res. Fin.
(+) Receitas Financ.
(-) Despesas Financ.
(=)Lucro Antes do IR
(-) Imposto Renda
(-) Dividendos
(=)Lucro Líquido/Retido

Custos

Custos são uma outra classe de gastos

Os custos são os gastos para a confecção dos produtos feitos pela empresas industriais ou para o pagamento de mercadorias em empresas comerciais.

Para as empresas industriais, os custos são a matéria-prima, o salário dos operários, água, eletricidade, gás e material de consumo da fábrica, manutenção e depreciação de equipamentos, etc. São todos os gastos efetuados na fabricação dos produtos.

Para as empresas comerciais, são as mercadorias compradas para a venda.

① Nas empresas industriais, os custos são lançados na conta de "Estoque de Produtos Acabados", enquanto que nas empresas comerciais a conta de lançamento é a de "Estoque de Mercadorias", ambas do "Ativo Circulante".

Os custos ficam nessas contas até o momento dos produtos serem vendidos e até este momento não afetam o lucro da empresa.

② Para empresas industriais, a conta de contrapartida de custo, que fica na "Demonstração de Resultados do Exercício" (DRE), é chamada de "Custo do Produto Vendido" (CPV), e para empresas comercias a mesma é chamada de "Custo da Mercadoria Vendida" (CMV).

① ② No momento que a empresa vender os produtos, e somente nesse momento, o valor dos custos são subtraídos da conta de "Estoque de Produtos Acabados" ou da conta "Estoque de Mercadorias", e lançados em contrapartida na DRE, na conta de CPV ou CMV, diminuindo desta forma o lucro da empresa.

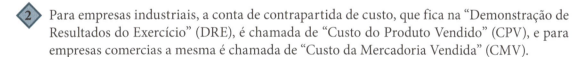

A Demonstração de Resultados

A DRE é a consolidação de todas as contas de Receitas e Despesas

de um determinado período. Neste relatório se apura o resultado da empresa, ou seja, se a empresa teve lucro ou prejuízo.

Ela pode ser considerada a conta contábil "Lucro Líquido /Retido" do "Patrimônio Líquido", organizada e aberta, ou seja, se a DRE não existisse todos os lançamentos de receitas e despesas seriam redirecionados à conta de "Lucro Líquido / Retido".

Note que, por esse motivo, a DRE está posicionada do lado do Passivo. A convenção de sinais dos lançamentos continua sendo a mesma.

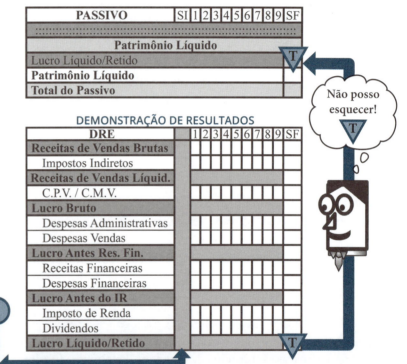

O DRE não tem Saldos Iniciais, pois o saldo das contas do DRE foram transferidos, no período anterior, para a conta de Lucro Líquido/Retido e posteriormente para a conta de Lucro Acumulado, ambas do Patrimônio Líquido.

É por esse motivo que não está disponibilizada uma coluna de Saldos Iniciais (S.I.) no DRE.

O último lançamento contábil é a transferência do saldo do "Lucro Líq. / Retido" da DRE para a conta do Patrimônio Líquido "Lucro Líq./Retido".

90 Guia Visual da Contabilidade

Existe uma ordem estabelecida para as contas do DRE

A seguir é apresentada a ordem, junto com o sinal, que deverão ser utilizados na confecção das Demonstrações do Resultado do Exercício.

Receita de Vendas brutas: É a soma das vendas da empresa incluindo os impostos.	**Receita de Vendas Brutas**
(-) Impostos / Deduções: Retira-se os Impostos Indiretos (IPI, ICMS), as devoluções de vendas e os descontos.	(-) Impostos e Deduções
(=) Receitas de Vendas líquidas: São as vendas sem os impostos e deduções.	**(=) Receitas de Vendas Líq.**
(-) C.P.V. / C.M.V.: Custo do Produto Vendido (Indústria) ou Custo da Mercadoria Vendida (Comércio). São os custos do que foi vendido e o que sairá do "Estoque de Produto Acabado" ou do "Estoque de Mercadoria".	(-) C.P.V. / C.M.V.
(=) Lucro Bruto: É o resultado da empresa sem se considerar as despesas, apenas os custos dos produtos vendidos.	**(=) Lucro Bruto**
(-) Despesas Administrativas: São os gastos feitos nas áreas não fabris.	(-) Despesas Admin.
(-) Despesas de Vendas: São os gastos com a área de vendas e com a entrega dos produtos.	(-) Despesas Vendas
(=) Lucro Antes dos Resultados Financeiros: É o lucro para se operar a empresa, considerando todos os seus aspectos menos os empréstimos e as aplicações de recursos. Pode ser chamado de Lucro Operacional.	**(=) Lucro Antes Res.Fin.**
(+) Receitas Financeiras: São os juros que a empresa recebe por aplicações financeiras.	(+) Receitas Financeiras
(-) Despesas Financeiras: São os juros que a empresa paga por empréstimos.	(-) Despesas Financeiras
(=) Lucro Antes de IR: É o lucro da empresa sem considerar o imposto de renda a ser pago e a distribuição de dividendos aos acionistas.	**(=) Lucro Antes do IR**
(-) Provisão para Imposto de Renda e Contribuição Social Sobre o Lucro: É o valor a ser pago à Receita Federal para o pagamento do I.R. e da CSSL.	(-) Provisão para Imposto de Renda e Contribuição Social Sobre o Lucro
(-) Dividendos: É a parcela a ser distribuída aos acionistas.	(-) Dividendos
(=) Lucro Líquido / Retido: É o resultado final da empresa. No final do período o saldo desta conta será transferido para o Patrimônio Líquido.	**(=) Lucro Líquido/Retido**

Depreciação

Depreciação é a perda de valor dos bens, causada pelo tempo e pela utilização

Os gastos destinados aos bens do ativo imobilizado, sofrerão um tratamento contábil especial denominado imobilização. Estes investimentos operacionais são os gastos em máquinas, equipamentos, imóveis, veículos, softwares e outros bens, que perdem valor com a utilização, com o passar do tempo ou pela obsolescência dos mesmos.

Na compra do bem que será imobilizado, ou quando o mesmo estiver efetivamente operacional, o seu valor será totalmente apropriado em alguma conta do Ativo Não Circulante - Permanente.

No encerramento do exercício contábil será calculado o valor da depreciação de cada bem do ativo imobilizado. O cálculo é o valor de compra do bem dividido pelo prazo de depreciação do mesmo.

Esse valor será lançado negativamente em uma conta de Depreciação Acumulada do Ativo Não Circulante - Permanente.

Existem duas possibilidades para a contrapartida do lançamento.

- Se o bem for da fábrica, o mesmo será apropriado como custo na conta Estoque de Produtos Acabados.
- Se o bem for do escritório, a contrapartida será no DRE, em uma conta de Despesa Operacional.

 Exemplo: Compra de um veículo por R$100, com pagamento a prazo.

Nesse caso será apropriado o valor de R$100 na conta de "Veículo" e em contrapartida o reconhecimento da dívida com "Fornecedores" no valor de R$100 (positivo, por aumentar a dívida da empresa).

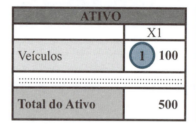

ATIVO		X1
Veículos	①	100
Total do Ativo		**500**

PASSIVO		X1
Fornecedores	②	100
Total do Passivo		**500**

O prazo de depreciação, por tipo de ativo, é fixado pela Instrução Normativa da Secretaria da Receita Federal Nº 1700, de 14 de março de 2017.

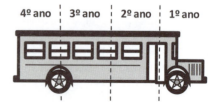

Caso o veículo seja utilizado pela fábrica, no encerramento do ano serão apropriados os seguintes lançamentos:

▲3 Será o lançamento de 1/4 do valor do veículo em uma conta de "Depreciação Acumulada". Este é o valor estimado do desgaste do veículo. Assim será lançado R$(25) negativo, pela depreciação do valor do ativo permanente nesse valor.

▣4 Pelo fato do veículo ser utilizado na fábrica, será reconhecido como custo, e a contrapartida será lançada no "Estoque de Produtos Acabados". Nessa conta será lançado o valor R$25, que corresponde a 1/4 do preço do veículo. O valor lançado é positivo pois o veículo, com seu uso, incrementou o valor das mercadorias acabadas.

ATIVO			PASSIVO	
	X2			X2
Ativo Circulante				
Estoque Prod. Acabado	▣4 25			
Ativo Não Circulante - Permanente				
Deprec. Acumulada	▲3 (25)			
Total do Ativo	500		**Total do Passivo**	500

No Exemplo como pela SRF Nº 1700 (Brasil, 2017) o prazo de depreciação de veículos é de 4 anos, ele será depreciado em 1/4 do valor de compra por ano.

Outra possibilidade é o veículo ser utilizado na administração da empresa, e não na fábrica. Nesse caso, no encerramento do período serão apropriados os seguintes lançamentos:

✚5 1/4 do valor imobilizado será depreciado, como explicado anteriormente. Assim, será lançado R$25 negativo na conta "Depreciação Acumulada".

⬠6 A depreciação do escritório é considerada uma Despesa Operacional. Então será lançado o valor de R$25 na conta "Despesas de Depreciação".

Este lançamento será negativo, pois irá diminuir o lucro da empresa.

ATIVO			PASSIVO	
	X2			X2
Ativo Não Circulante - Permanente				
Deprec. Acumulada	✚5 (25)			
Total do Ativo	500		**Total do Passivo**	453
			DRE	
			Despesas Deprec.	⬠6 (25)
			Lucro Líquido/Retido	47

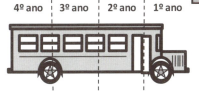

GASTOS x DESPESAS x CUSTOS   93

Margem de Contribuição

É um DRE diferente, para ser utilizado na Contabilidade Gerencial

A definição de Margem de Contribuição é o quanto sobra das vendas líquidas (sem impostos) após se retirar todos os custos variáveis como o custo da mercadoria e a mão de obra direta, e as despesas variáveis como os fretes e a comissão de vendas.

 Margem de Contribuição = Receitas Líquidas - Custos Variáveis - Despesas Variáveis

DRE

Receitas Líquidas
(-) Custos Variáveis
(-) Custos Fixos
(=) Lucro Bruto
(-) Despesas Variáveis
(-) Despesas Fixas
(=) Lucro Antes Res.Fin.
(+) Receitas Financeiras
(-) Despesas Financeiras
(=) Lucro Antes do IR
(-) Imposto de Renda
(-) Dividendos
(=) Lucro do Período

DRE - Custeio Variável

Receitas Líquidas
(-) Custos Variáveis
(-) Despesas Variáveis
(=) Margem Contribuição
(-) Custos Fixos
(-) Despesas Fixas
(=) Lucro Antes Res.Fin.
(+) Receitas Financeiras
(-) Despesas Financeiras
(=) Lucro Antes do IR
(-) Imposto de Renda
(-) Dividendos
(=) Lucro do Período

A Margem de Contribuição também pode ser entendida como sendo o valor que sobrará para o pagamento dos custos fixos, das despesas fixas, do imposto de renda e do lucro do período.

A Demonstração de Resultados pode ser elaborada utilizando a Margem de Contribuição no lugar do Lucro Bruto, sendo este relatório denominado "DRE pelo Método de Custeio Variável".

Essa demonstração é somente gerencial, não podendo ser apresentado nas demonstrações financeiras por violar o princípio contábil da competência.

Os dois DREs podem apresentar diferenças no Lucro do Período. A diferença ocorre se a empresa mantiver estoques de produtos acabados, isto porque na contabilidade financeira os custos fixos são rateados e somente os custos dos produtos vendidos são lançados no DRE. No DRE pelo Custeio Variável todo o Custo Fixo é lançado na demonstração, independente do produto ter sido vendido ou não.

A Margem de Contribuição Percentual é utilizada para informar qual a porcentagem da Margem de Contribuição em relação às Vendas Líquidas.

$$MC(\%) = \frac{\text{Margem de Contribuição}}{\text{Receitas Líquidas}} \times 100$$

Guia Visual da Contabilidade

Contabilização com o DRE

O modo de contabilizar é semelhante ao usado anteriormente

Como já visto, é necessário apropriar os Saldos Iniciais ao Balanço Patrimonial.

No entanto, as contas da Demonstração de Resultados (DRE) não apresentam Saldos Iniciais. Elas iniciam o exercício contábil zeradas.

Os lançamentos contábeis são feitos como nos exercícios anteriores. É necessário seguir a mesma convenção de sinais.

A DRE fica do lado do Passivo, para efeito da convenção de sinais. Na verdade a DRE é a conta "Lucro Líq./Retido" detalhada, e essa conta é do Patrimônio Líquido.

Para lançamentos múltiplos a soma dos valores do lado do ativo tem que ser igual à soma dos valores do lado do Passivo.

Ativo	Passivo
+	+

Ativo	Passivo
−	−

Ativo	Passivo
±	

Ativo	Passivo
	±

ATIVO		
		8
Bancos	①	(50)
Total do Ativo	T	560

PASSIVO		
		8
Total do Passivo	T	610
DRE		
Despesas Admin.	②	(50)
Lucro Líq./Retido	T	(50)

① ② No exemplo, tem-se o pagamento de R$50 em despesas administrativas.

T 560=510-50

Como o DRE pertence ao Passivo o equilíbrio contábil é mantido:
T Total Ativo = Total Passivo + Lucro Líquido

Após a ultima transação é necessário a transferência do "Lucro Líq./Retido" do DRE para a conta "Lucro Líq./Retido" do Passivo, Grupo Patrimônio Líquido.

③ Isto garantirá que o equilíbrio contábil seja mantido, ou seja, o Total do Ativo seja igual ao Total do Passivo.

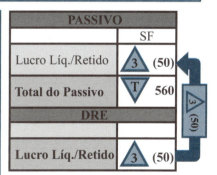

GASTOS x DESPESAS x CUSTOS 95

EXERCÍCIO PASSO A PASSO I

Resolva o Exercício no Canvas Abaixo e no D.R.E. da Página ao Lado

BALANÇO PATRIMONIAL (Valores em R$1.000,00)

ATIVO	S.I.	1	2	3	4	5	6	7	8	9	S.F.
Ativo Circulante											
Caixa											
Bancos											
Contas a Receber											
A Rec. Acionistas											
Estoque Pr.Acab.											
Estoque Mt.Prima											
Total Ativo Circulante											
Ativo Não Circulante - Realizável											
Títulos a Rec.L.P.											
Total Realizável Não Circulante											
Ativo Não Circulante - Permanente											
Instalações											
Móveis/utensílios											
Veículos											
Deprec. Acum.											
Total Permanente											
Total do Ativo	**Esperado**		**611**		**Calculado**						

PASSIVO	S.I.	1	2	3	4	5	6	7	8	9	S.F.
Passivo Circulante											
Fornecedores											
Impostos a Pagar											
Salários a Pagar											
Empréstimo											
Aluguéis a Pagar											
Juros a Pagar											
Total Passivo Circulante											
Passivo Não Circulante - Exigível											
Aluguéis a L.P.											
Empréstimos L.P.											
Total Exigível Não Circulante											
Patrimônio Líquido											
Capital											
Lucro/Prej.Acum.											
Reservas											
Lucro Líq./Retido											
Patrimônio Líquido											
Total do Passivo	**Esperado**		**611**		**Calculado**						

Guia Visual da Contabilidade

ENUNCIADO DO EXERCÍCIO

Uma indústria apresenta os seguintes saldos iniciais em suas contas contábeis:

Caixa R$38; Capital R$200; Móveis R$120; Estoque de Produtos Acabados R$50; Fornecedores R$58; Salários a Pagar R$12; Empréstimos R$40; Contas a Receber R$90; Bancos R$12.

As transações do período estão apresentadas a seguir:

1) Aumento de capital no valor de R$150 integralizado à vista em dinheiro.

2) Compra de matéria-prima a prazo no valor de R$80.

3) Os operários usam R$50 de matéria-prima para a confecção dos produtos.

4) A empresa reconhece que está devendo os salários dos empregados e vai pagá-los no dia 6. O total dos salários dos operários é de R$12 e da administração é R$10.

5) Venda de mercadorias por R$140 em deposito em banco, o custo do produto foi de R$70 e o imposto de R$14.

6) Pagamento em cheque de água, luz, gás e aluguel no valor total de R$20, sendo que R$12 pertence à fábrica e R$8 ao escritório.

7) Recebimento de duplicatas dos clientes no valor de R$35.

8) Pagamento aos Fornecedores, em dinheiro, no valor de R$69.

> O DRE está do lado direito para seguir a convenção de sinais.

DEMONSTRAÇÃO DE RESULTADOS DO EXERCÍCIO

DRE	1	2	3	4	5	6	7	8	9	S.F.
Rec. Vendas Brutas										
Impostos Indir.										
Rec. Vendas Líquidas										
C.P.V. / C.M.V.										
Lucro Bruto										
Despesas Admin.										
Despesas Vendas										
Lucro Antes Res.Fin.										
Receitas Financ.										
Despesas Financ.										
Lucro Antes do IR										
Imposto Renda										
Dividendos										
Lucro Líquido/Retido	Esperado			92		Calculado				

9) A empresa vendeu por R$120 mercadorias que valem R$54, sendo que R$80 foi recebido à vista em dinheiro e o restante a receber em 30 dias. Os impostos foram de R$12, para pagar no final do mês.

Com base nesses dados, lançar os saldos iniciais e as transações contábeis no CANVAS acima.

GASTOS x DESPESAS x CUSTOS

SOLUÇÃO

Inicia-se o exercício transferindo-se os Saldos Iniciais do Balancete de Verificação para as colunas S.I. (Saldo Inicial) do Balanço Patrimonial.

BALANÇO PATRIMONIAL (Valores em R$1.000,00)

BALANCETE DE VERIFICAÇÃO

Caixa	38
Bancos	12
Contas a Receber	90

Estoque Prod.Acab.	50

Móveis/Utensílios	120

ATIVO		
	S.I.	
Ativo Circulante		
Caixa	38	
Bancos	12	
Contas a Receber	90	
A Rec.Acionistas		
Estoque Prod.Acab.	50	
Estoque Mat.Prima		
Total Ativo Circulante	**190**	
Ativo Não Circulante-Realizável		
Títulos a Rec.L.P.		
Total Realizável Não Circ.		
Ativo Não Circulante-Permanente		
Instalações		
Móveis/Utensílios	120	
Veículos		
Deprec. Acum.		
Total Permanente	**120**	
Total do Ativo	**310**	

PASSIVO		
	S.I.	
Passivo Circulante		
Fornecedores	58	
Impostos a Pagar		
Salários a Pagar	12	
Empréstimo		
Aluguéis a Pagar		
Juros a Pagar		
Total Passivo Circulante	**70**	
Passivo Não Circulante - Exigível		
Aluguéis a L.P.		
Empréstimos L.P.		
Total Exigível Não Circ.		
Patrimônio Líquido		
Capital	200	
Lucro/Prej.Acum.	40	
Reservas		
Lucro Líq./Retido		
Patrimônio Líquido	**240**	
Total do Passivo	**310**	

BALANCETE DE VERIFICAÇÃO

Fornecedores	58

Salários a Pagar	12

Capital	200
Lucro/Prej.Acum.	40

> Serão apresentados, em todas as transações, os Totais do Ativo e do Passivo.
> Esses totais são a soma dos Saldos Iniciais e dos lançamentos nas contas. Não necessariamente o leitor precisa calculá-lo a cada passo, mas ele serve para mostrar que o balanço sempre está equilibrado.

Após a transferência dos valores para os Saldos Iniciais, o Balanço Patrimonial ficará com os seguintes Saldos Finais.

BALANÇO PATRIMONIAL

ATIVO	S.I.	S.F.	PASSIVO	S.I.	S.F.
Ativo Circulante			**Passivo Circulante**		
Caixa	38	38	Fornecedores	58	58
Bancos	12	12	Salários a Pagar	12	12
Contas a Receber	90	90			
Estoque Prod.Acab.	50	50			
Total Ativo Circulante		190	**Total Passivo Circulante**		70
Ativo Não Circ.-Realizável			**Passivo Não Circ. - Exigível**		
Títulos a Rec.L.P.			Empréstimos L.P.		
Total Não Circulante			**Total Não Circulante**		
Ativo Não Circ.-Permanente			**Patrimônio Líquido**		
Móveis/Utensílios	120	120	Capital	200	200
Veículos			Lucro/Prej.Acum.	40	40
Total Permanente		120	**Patrimônio Líquido**		240
Total do Ativo		310	**Total do Passivo**		310
			DRE		
			Lucro Líquido/Retido		

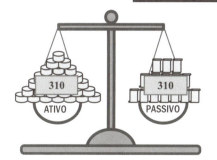

1) Aumento de capital no valor de R$150 integralizado à vista em dinheiro.

BALANÇO PATRIMONIAL

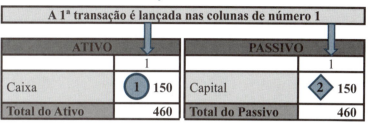

O destino dos recurso foi o Caixa. O lançamento é positivo pois aumentou o ativo em R$150. ①

A origem dos recursos foi o aumento de Capital em R$150. No entanto se aumentou a dívida da empresa para com os acionistas. O lançamento é positivo. ②

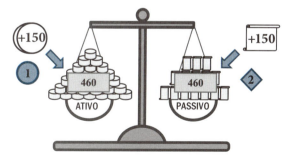

GASTOS x DESPESAS x CUSTOS

2) Compra de matéria-prima a prazo no valor de R$80.

BALANÇO PATRIMONIAL

A 2ª transação é lançada nas colunas de número 2			
ATIVO		PASSIVO	
	2		2
Estoque Mat.Prima	① 80	Fornecedores	② 80
Total do Ativo	540	Total do Passivo	540

O destino dos recursos foi o Estoque de Matéria-Prima, que aumentou em R$80, positivo pois cresceu os bens da empresa. ①

A origem dos recursos foi um aumento da dívida da empresa com os Fornecedores em R$80. Positivo pois aumentou a dívida da empresa. ②

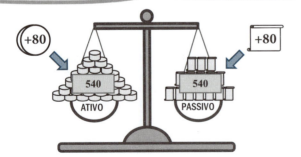

3) Os operários usam R$50 de matéria-prima para a confecção dos produtos.

BALANÇO PATRIMONIAL

A 3ª transação é lançada nas colunas de número 3			
ATIVO		PASSIVO	
	3		3
Estoque Prod.Acab.	② 50		
Estoque Mat.Prima	① (50)		
Total do Ativo	540	Total do Passivo	540

A origem dos recursos foi o estoque de Matéria-Prima, que forneceu R$50 em M.P. para a produção, diminuído o seu valor estocado. ①

O destino da Matéria-Prima foi a fabricação dos produtos. Essas Matérias-Primas aumentaram o valor do Estoque de Produtos Acabados. ②

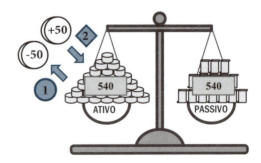

100 Guia Visual da Contabilidade

4) A empresa reconhece que está devendo os salários dos empregados e vai pagá-los no dia 6. O total dos salários dos operários é de R$12 e da administração é R$10.

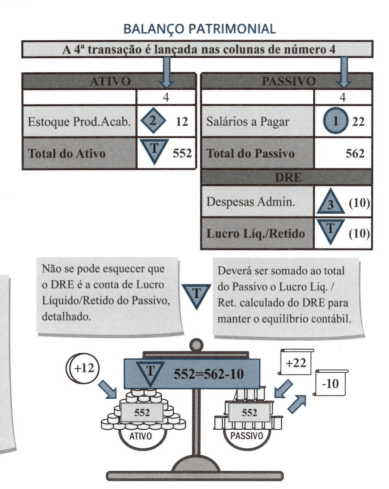

5) Venda de mercadorias por R$140 em deposito em banco, o custo do produto foi de R$70 e o imposto de R$14.

Essa transação é complexa.

Para resolvê-la, o melhor é dividi-la em três grupos de lançamentos.

A origem dos recursos são as Vendas Brutas, no valor de R$140. Esse lançamento é positivo porque aumenta o lucro da empresa. **1a**

Como a venda foi recebida à vista o destino do recurso é um depósito no Banco, com sinal positivo por aumentar o valor dos ativos. **1b**

As Vendas irão originar o Imposto sobre as Vendas lançadas no DRE "Impostos / Deduções". Seu sinal é negativo pois diminuirá o lucro da empresa. **2a**

A contrapartida é a conta "Impostos a Pagar". O sinal é positivo pois se está aumentando a dívida da empresa. **2b**

A origem dos recursos é a empresa entregar as mercadorias para o cliente, diminuindo o seu Estoque de Produtos Acabados. O sinal é negativo. **3a**

A contrapartida é o CPV (Custo do Produto Vendido). É lançado o valor com sinal negativo, pelo custo diminuir o lucro da empresa. **3b**

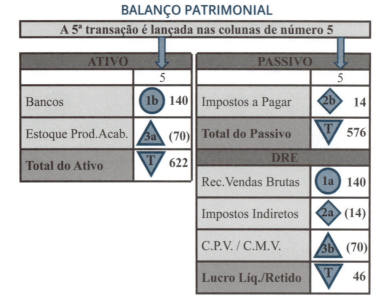

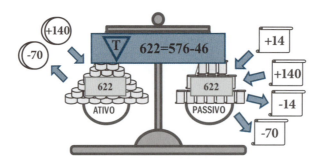

6) Pagamento em cheque de água, luz, gás e aluguel no valor total de R$20, sendo que R$12 pertence à fábrica e R$8 ao escritório.

A origem dos recursos é a retirada de R$(20) da conta Bancos, com sinal negativo porque se está diminuindo a quantidade de dinheiro no banco. ①

Parte do destino, de R$12, é lançado positivo no Estoque de Produtos Acabados. Todos os gastos da fabrica são considerados custos, e devem ir para o estoque. ②

Outra parte do destino, de R$(8), é gasto de escritório, logo, Despesa Administrativa. O sinal é negativo porque está diminuindo o lucro da empresa. ③

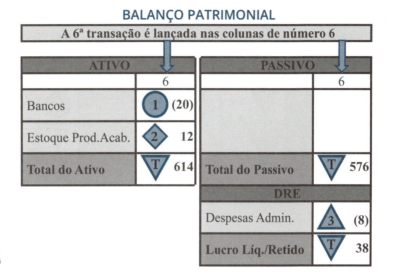

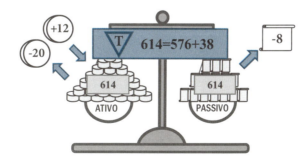

GASTOS x DESPESAS x CUSTOS

7) Recebimento de duplicatas dos clientes no valor de R$35.

8) Pagamento aos Fornecedores, em dinheiro, no valor de R$69.

BALANÇO PATRIMONIAL

A 7ª transação é lançada nas colunas de número 7

ATIVO	7
Bancos	② 35
Contas a Receber	① (35)
Total do Ativo	T 614

PASSIVO	7
Total do Passivo	T 576
DRE	
Lucro Líq./Retido	T 38

BALANÇO PATRIMONIAL

A 8ª transação é lançada nas colunas de número 8

ATIVO	8
Caixa	① (69)
Total do Ativo	T 545

PASSIVO	8
Fornecedores	② (69)
Total do Passivo	T 507
DRE	
Lucro Líq./Retido	T 38

A origem foram os Clientes, que pagaram parte do que deviam. Com isso, diminuíram suas dívidas, logo será lançado R$(35) negativo. ①

Em contrapartida, o destino dos recursos foi o Banco, cujo saldo aumentou em R$35. O sinal é positivo pois aumentou o valor dos bens. ②

A origem foi o Caixa, que foi utilizado para pagar os Fornecedores.
Foi lançado R$(69) com sinal negativo porque diminuiu o Caixa. ①

O destino foi o pagamento dos Fornecedores. Foi lançado R$(69) com sinal negativo, porque diminuiu a dívida. ②

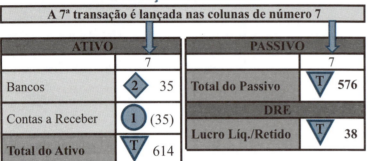

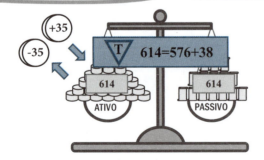

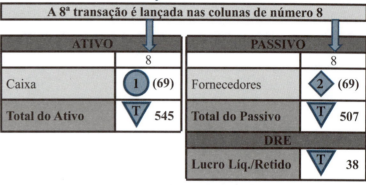

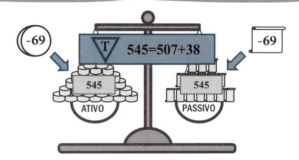

9) A empresa vendeu por R$120 mercadorias que valem R$54, sendo que R$80 foi recebido à vista em dinheiro e o restante a receber em 30 dias. Os impostos foram de R$12, para pagar no final do mês.

Essa transação é complexa.

Para resolvê-la, o melhor é dividi-la em três grupos de lançamentos.

1a — A origem dos recursos são as Vendas Brutas, no valor de R$120. Esse lançamento é positivo porque aumenta o lucro da empresa.

1b — Como parte da venda foi recebida à vista, em dinheiro, o destino desse recurso é o Caixa, com sinal positivo por aumentar o ativo.

1c — Como parte da venda será recebida em 30 dias, irá compor o Contas a Receber, com sinal positivo por aumentar o ativo.

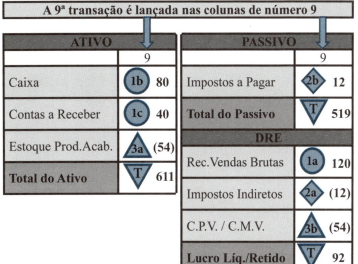

2a — As Vendas irão originar o Imposto sobre as Vendas lançadas no DRE "Impostos Indiretos". Seu sinal é negativo pois diminuirá o lucro da empresa.

2b — A contrapartida é a conta "Impostos a Pagar". O sinal é positivo pois se está aumentando a dívida da empresa.

3a — A origem dos recursos é a entrega das mercadorias para o cliente, diminuindo o Estoque de Produtos Acabados. O sinal é negativo.

3b — A contrapartida é o CPV (Custo do Produto Vendido). É lançado o valor com sinal negativo, pelo custo diminuir o lucro da empresa.

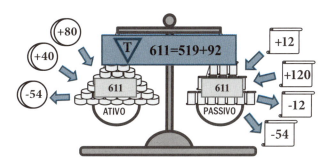

GASTOS x DESPESAS x CUSTOS

10) Lançamentos de Encerramento de Período.

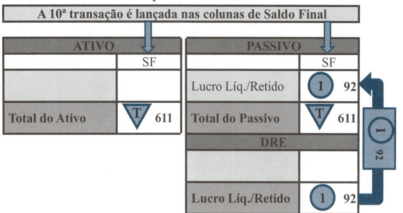

Após a última transação, deve-se encerrar o período.
O valor apurado no Lucro Líquido/Retido do DRE deverá ser transferido para o Lucro Líquido/Retido do Passivo.

Calcula-se o valor final da conta de Lucro Líquido/Retido do DRE. Transfere-se esse valor para a conta de Lucro Líq. / Retido do Passivo (Patrimônio Líq.).

Após essa transferência, deixa-se de somar o DRE com o Passivo. Assim mantém o equilíbrio contábil do Balanço.

Não se pode esquecer que o DRE é na realidade a conta de Lucro Líquido/Retido do Passivo, detalhado.
O DRE apenas organiza esta conta.

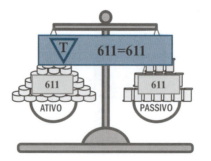

Guia Visual da Contabilidade

RESPOSTA DO EXERCÍCIO

O Canvas preenchido é apresentado a seguir.

BALANÇO PATRIMONIAL (Valores em R$1.000,00)

ATIVO	S.I.	1	2	3	4	5	6	7	8	9	S.F.
Ativo Circulante											
Caixa	38	150							(69)	80	**199**
Bancos	12					140	(20)	35			**167**
Contas a Receber	90							(35)		40	**95**
Estoque Pr.Acab.	50			50	12	(70)	12		(54)		
Estoque Mat.Prima			80	(50)							**30**
Total Ativo Circulante											**491**
Ativo Não Circulante - Permanente											
Instalações											
Móveis/Utensílios	120										**120**
Veículos											
Total Permanente											**120**
Total do Ativo		Esperado		**611**	Calculado						**611**

PASSIVO	S.I.	1	2	3	4	5	6	7	8	9	S.F.
Passivo Circulante											
Fornecedores	58		80						(69)		**69**
Impostos a Pagar											
Salários a Pagar	12				22						**34**
Empréstimo											
Impostos a Pagar						14				12	**26**
Total Passivo Circulante											**129**
Patrimônio Líquido											
Capital	200	150									**350**
Reservas	40										**40**
Lucro Líq./Retido											**92**
Patrimônio Líquido											**482**
Total do Passivo		Esperado		**611**	Calculado						**611**

DEM. DE RESULTADOS DO EXERCÍCIO

DRE	1	2	3	4	5	6	7	8	9	S.F.
Rec.Vendas Brutas					140				120	**260**
Impostos Indir.					(14)				(12)	**(26)**
Rec.Vendas Líquidas										**234**
C.P.V. / C.M.V.					(70)				(54)	**(124)**
Lucro Bruto										**110**
Despesas Adm.				(10)		(8)				**(18)**
Despesas Vendas										
Lucro Antes Res.Fin.										**92**
Lucro Líquido/Retido	Esperado		**92**	Calculado						**92**

GASTOS x DESPESAS x CUSTOS

Exercício Passo a Passo II

Resolva o Exercício no Canvas Abaixo e no D.R.E. da Página ao Lado

BALANÇO PATRIMONIAL (Valores em R$1.000,00)

ATIVO	S.I.	1	2	3	4	5	6	7	8	9	S.F.
Ativo Circulante											
Caixa											
Bancos											
Contas a Receber											
Estoque Pr.Acab.											
Estoque Mt.Prima											
Mat. Diversos											
Total Ativo Circulante											
Ativo Não Circulante - Realizável											
Títulos a Rec.L.P.											
Total Realizável Não Circulante											
Ativo Não Circulante - Permanente											
Instalações											
Móveis/Utensílios											
Veículos											
Participações											
Total Permanente											
Total do Ativo		**Esperado**		560	**Calculado**						

PASSIVO	S.I.	1	2	3	4	5	6	7	8	9	S.F.
Passivo Circulante											
Fornecedores											
Impostos a Pagar											
Salários a Pagar											
Empréstimo											
Aluguéis a Pagar											
Comissões a Pag.											
Total Passivo Circulante											
Passivo Não Circulante - Exigível											
Aluguéis a L.P.											
Empréstimos L.P.											
Total Exigível Não Circulante											
Patrimônio Líquido											
Capital											
Lucro/Prej.Acum											
Reservas											
Lucro Líq./Retido											
Patrimônio Líquido											
Total do Passivo		**Esperado**		560	**Calculado**						

ENUNCIADO DO EXERCÍCIO

Uma indústria apresenta os seguintes saldos iniciais em suas contas contábeis:

BALANCETE DE VERIFICAÇÃO

Bancos	120
Caixa	100
Capital	200
Contas a Receber	120
Estoque Prod.Acab.	70
Fornecedores	310
Participações	20
Salários a Pagar	90
Veículos	170

As transações do período estão apresentadas a seguir:

1) Aquisição de matéria-prima a prazo no valor de R$50.

2) Reconhecimento de salários dos operários no valor de R$40 e do pessoal administrativo no valor de R$30.

3) Pagamento em dinheiro da conta de eletricidade do escritório no valor de R$20 e da fábrica no valor de R$50.

4) Os operários requisitaram R$50 em Matéria-Prima para manufaturar os produtos.

5) Pagamento em cheque de parte da dívida da empresa com os fornecedores no valor de R$100.

O DRE está do lado direito para seguir a convenção de sinais.

DEMONSTRAÇÃO DE RESULTADOS DO EXERCÍCIO

DRE	1	2	3	4	5	6	7	8	9	S.F.
Rec.Vendas Brutas										
Impostos Indir.										
Rec.Vendas Líquidas										
C.P.V. / C.M.V.										
Lucro Bruto										
Despesas Admin.										
Despesas Vendas										
Lucro Antes Res.Fin.										
Receitas Financ.										
Despesas Financ.										
Lucro Antes do IR										
Imposto Renda										
Dividendos										
Lucro Líquido/Retido	**Esperado**			**70**			**Calculado**			

6) A empresa vendeu por R$100 mercadorias que valem R$50, sendo que R$20 foi recebido à vista em dinheiro e o restante a pagar em 30 dias. Os impostos foram de R$10.

7) Clientes pagaram uma dívida de R$150, que foi depositada no banco.

8) Pagamento de conta de telefone da administração no valor de R$50, pago com cheque.

9) Depreciação da fábrica no valor de R$20, e do escritório no valor de R$10.

SOLUÇÃO

Inicia-se o exercício transferindo-se os Saldos Iniciais do Balancete de Verificação para as colunas S.I. (Saldo Inicial) do Balanço Patrimonial.

BALANÇO PATRIMONIAL (Valores em R$1.000,00)

BALANCETE DE VERIFICAÇÃO

Caixa	100
Bancos	120
Contas a Receber	120
Estoque Prod.Acab.	70

Veículos	170
Participações	20

ATIVO			PASSIVO		
	S.I.			**S.I.**	
Ativo Circulante			**Passivo Circulante**		
Caixa	100		Fornecedores	310	
Bancos	120		Impostos a Pagar		
Contas a Receber	120		Salários a Pagar	90	
Estoque Prod.Acab.	70		Aluguéis a Pagar		
Estoque Mat.Prima			Juros a Pagar		
Materiais Diversos			Impostos a Pagar		
Total Ativo Circulante	**410**		**Total Passivo Circulante**	**400**	
Ativo Não Circulante-Realizável			**Passivo Não Circulante-Exigível**		
Títulos a Rec.L.P.			Aluguéis a L.P.		
			Empréstimos L.P.		
Total do Não Circulante			**Total Exigível Não Circ.**		
Ativo Não Circulante-Permanente			**Patrimônio Líquido**		
Instalações			Capital	200	
Móveis/Utensílios			Lucro/Prej.Acum.		
Veículos	170		Reservas		
Participações	20				
Total Permanente	**190**		**Patrimônio Líquido**	**200**	
Total do Ativo	**600**		**Total do Passivo**	**600**	

BALANCETE DE VERIFICAÇÃO

Fornecedores	58

Salários a Pagar	90

Capital	200

> Serão apresentados, em todas as transações, os Totais do Ativo e do Passivo. Esses totais são a soma dos Saldos Iniciais e dos lançamentos nas contas. Não necessariamente o leitor precisa calculá-lo a cada passo, mas ele serve para mostrar que o balanço sempre está equilibrado.

Após a transferência dos valores para os Saldos Iniciais, o Balanço Patrimonial ficará com os seguintes Saldos Finais.

BALANÇO PATRIMONIAL (Valores em R$1.000,00)

ATIVO	S.I.	S.F.
Ativo Circulante		
Caixa	100	100
Bancos	120	120
Contas a Receber	120	120
Estoque Prod.Acab.	70	70
Total Ativo Circulante		410
Ativo Não Circ.-Realizável		
Títulos a Rec.L.P.		
Total do Não Circulante		
Ativo Não Circ.-Permanente		
Veículos	170	170
Participações	20	20
Total Permanente		190
Total do Ativo		600

PASSIVO	S.I.	S.F.
Passivo Circulante		
Fornecedores	310	310
Impostos a Pagar		
Salários a Pagar	90	90
Aluguéis a Pagar		
Total Passivo Circulante		400
Passivo Não Circ. - Exigível		
Empréstimos L.P.		
Total do Não Circulante		
Patrimônio Líquido		
Capital	200	200
Lucro/Prej.Acum		
Patrimônio Líquido		200
Total do Passivo		600
DRE		
Lucro Líquido/Retido		

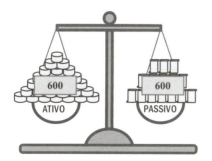

1) Aquisição de matéria-prima a prazo no valor de R$50.

BALANÇO PATRIMONIAL
A 1ª transação é lançada nas colunas de número 1

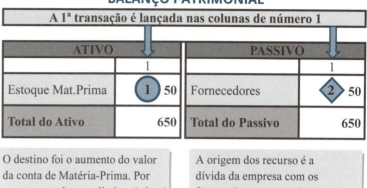

O destino foi o aumento do valor da conta de Matéria-Prima. Por aumentar os bens e direitos (ativos) o lançamento deverá ser positivo. ①

A origem dos recurso é a dívida da empresa com os fornecedores, que será paga a prazo, mas aumenta as dívidas (passivo) em R$50, lançamento positivo. ②

Toda Matéria-Prima comprada é depositada no "Estoque de Matéria-Prima", aguardando a sua utilização.

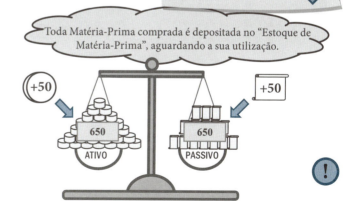

GASTOS x DESPESAS x CUSTOS

2) Reconhecimento de salários dos operários no valor de R$40 e do pessoal administrativo no valor de R$30.

Apesar de ser um único pagamento, existe uma classificação diferente entre os gastos da fábrica (custos) e os do escritório (despesas).

Os gastos da fábrica são considerados custos e lançados positivamente no Estoque de Prod. Acabados, por agregar valor a essa conta. Assim se adiciona R$40.

O efeito dos salários no lucro da empresa são diferentes para os funcionários do escritório e os da fábrica.
Para os do escritório, o salário é lançado em Despesas e afeta o lucro instantaneamente.
O efeito dos salários da fábrica ocorrerá somente no momento da venda dos produtos.

A origem dos recursos foi o reconhecimento dos Salários a Pagar aos funcionários. Como ainda não foi pago, é uma dívida e está no passivo.

Os gastos da administração são considerados Despesas Administrativas. O valor informado, no caso R$(30), será lançado negativamente por diminuir o lucro.

Os Sinais dos Lançamentos:
O salário do pessoal da fábrica é lançado positivo, por estar agregando valor ao Estoque de Produto Acabado.
O salário do pessoal da administração é lançado negativo nas Despesas, por estar diminuindo o lucro da empresa.

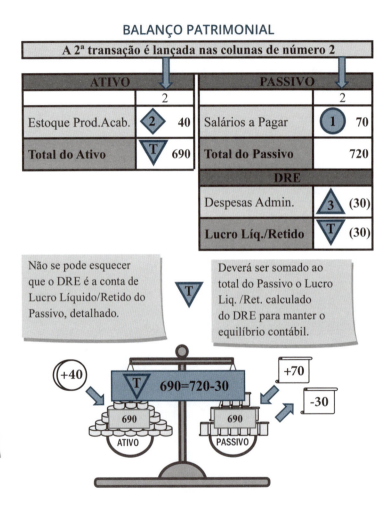

Não se pode esquecer que o DRE é a conta de Lucro Líquido/Retido do Passivo, detalhado.

Deverá ser somado ao total do Passivo o Lucro Liq./Ret. calculado do DRE para manter o equilíbrio contábil.

Guia Visual da Contabilidade

3) Pagamento em dinheiro da conta de eletricidade do escritório no valor de R$20 e da fábrica no valor de R$50.

A origem dos recursos é a retirada de R$(70) da conta Bancos, com sinal negativo porque se está diminuindo a quantidade de dinheiro no banco. ①

Parte do destino, de R$50 é lançado positivo no Estoque de Produtos Acabados. Todos os gastos da fábrica são considerados custos e devem ir para o estoque. ②

Outra parte do destino, de R$(50), é gasto de escritório, lançado como Despesa Administrativa. O sinal é negativo porque está diminuindo o lucro da empresa. ③

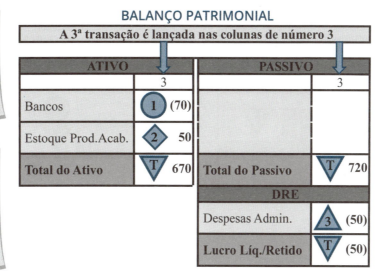

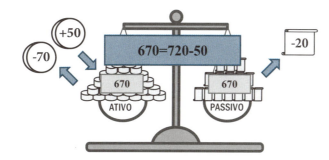

GASTOS x DESPESAS x CUSTOS

4) Os operários requisitaram R$50 em matéria-prima para manufaturar os produtos.

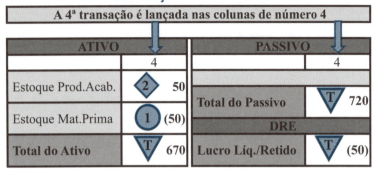

A origem dos recursos foi o estoque de Matéria-Prima, que forneceu R$50 em M.P. para a produção, diminuído o seu valor estocado. ①

O destino da Matéria-Prima foi a fabricação dos produtos. Essas Matérias-Primas aumentaram o valor do Estoque de Produtos Acabados. ②

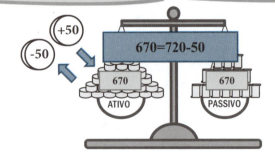

5) Pagamento em cheque de parte da dívida da empresa com os fornecedores no valor de R$100.

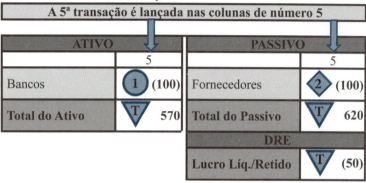

A origem foi o Caixa, que foi utilizado para pagar os Fornecedores. Foi lançado R$(100) com sinal negativo porque diminuiu o Caixa. ①

O destino foi o pagamento dos Fornecedores. Foi lançado R$(100) com sinal negativo, porque diminuiu o valor da dívida. ②

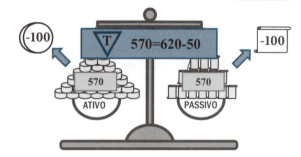

6) A empresa vendeu por R$100 mercadorias que valem R$50, sendo que R$20 foi recebido à vista, em dinheiro, e o restante a pagar em 30 dias. Os impostos foram de R$10.

Essa transação é complexa.

Para resolvê-la o melhor é dividi-la em três grupos de lançamentos.

A origem dos recursos são as Vendas Brutas, no valor de R$100. Esse lançamento é positivo porque aumenta o lucro da empresa. **1a**

Como parte da venda foi recebida à vista, em dinheiro, o destino desse recurso é o Caixa, com sinal positivo por aumentar o ativo. **1b**

Como parte da venda será recebida em 30 dias, irá compor o Contas a Receber, com sinal positivo por aumentar o ativo. **1c**

As Vendas irão originar o Imposto sobre as Vendas lançadas no DRE "Impostos Indiretos". Seu sinal é negativo pois diminuirá o lucro da empresa. **2a**

A contrapartida é a conta "Impostos a Pagar". O sinal é positivo pois se está aumentando a dívida da empresa. **2b**

A origem dos recursos é a empresa entregar as mercadorias para o cliente, diminuindo o seu Estoque de Produtos Acabados. O sinal é negativo. **3a**

A contrapartida é o CPV (Custo do Produto Vendido). É lançado o valor com sinal negativo, pelo custo diminuir o lucro da empresa. **3b**

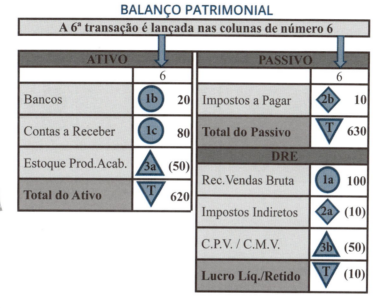

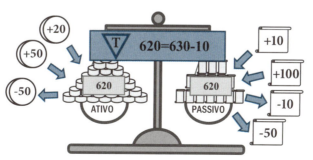

GASTOS x DESPESAS x CUSTOS

7) Clientes pagaram uma dívida de R$150, que foi depositada no banco.

BALANÇO PATRIMONIAL

A 7ª transação é lançada nas colunas de número 7

ATIVO		7
Bancos	②	150
Contas a Receber	①	(150)
Total do Ativo	T▽	620

PASSIVO		7
Total do Passivo	T▽	630
DRE		
Lucro Líq./Retido	T▽	(10)

A origem dos recursos foram os clientes, que pagaram suas dívidas. O lançamento é negativo por diminuir do Ativo o valor desse direito. ①

O destino dos recursos é um deposito no banco no valor de R$150. O sinal é positivo por aumentar o saldo bancário. ②

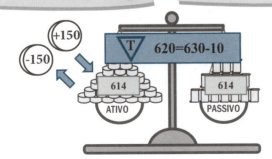

8) Pagamento de conta de telefone da administração no valor de R$50, pago com cheque.

BALANÇO PATRIMONIAL

A 8ª transação é lançada nas colunas de número 8

ATIVO		8
Bancos	①	(50)
Total do Ativo	T▽	570

PASSIVO		8
Total do Passivo	T▽	630
DRE		
Despesas Admin.	②	(50)
Lucro Líq./Retido	T▽	(60)

A origem dos recursos é a retirada de R$(50) da conta Bancos, com sinal negativo porque se está diminuindo a quantidade de dinheiro no banco. ①

O destino do recurso no valor de R$(50), é gasto de escritório, logo uma Despesa Administrativa. O sinal é negativo porque diminui o lucro da empresa. ②

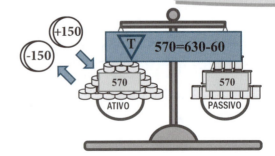

Guia Visual da Contabilidade

9) Depreciação da fábrica no valor de R$20, e do escritório no valor de R$10.

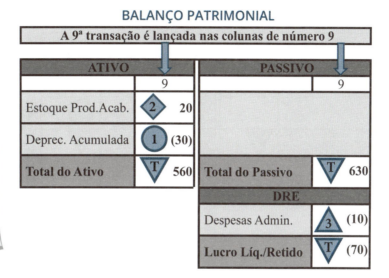

A depreciação é lançada na conta de Deprec. Acumulada com sinal negativo, pela diminuição dos valores dos bens pelo seu desgaste ou pela obsolescência. ①

O saldo final da conta Depreciação Acumulada é negativo, pois os lançamentos nessa conta diminuirão os valores das contas do Ativo Permanente.

A depreciação da fábrica é um custo, portanto, será lançada na conta de Estoque de Produtos Acabados, com sinal positivo, por ajudar a valorizar o estoque. ②

A depreciação dos equipamentos de escritório deverá ser lançada como uma Despesa Administrativa.
O sinal é negativo por diminuir o lucro da empresa. ③

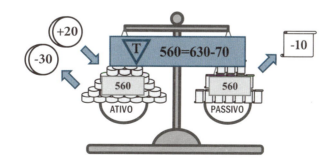

GASTOS x DESPESAS x CUSTOS

10) Lançamentos de Encerramento de Período.

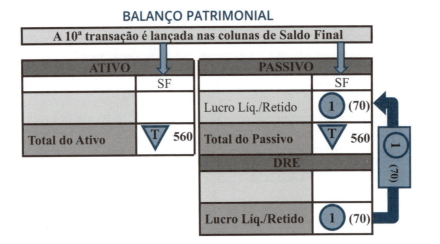

Após a última transação deve-se encerrar o período.
O valor apurado no Lucro Líquido/Retido do DRE deverá ser transferido para o Lucro Líquido/Retido do Passivo.

Calcula-se o valor final da conta de Lucro Líquido/Retido do DRE. Transfere-se esse valor para a conta de Lucro Líq. / Retido do Passivo (Patrimônio Líq.).

Após essa transferência deixa-se de somar o DRE com o Passivo. Assim, mantém o equilíbrio contábil do Balanço.

Não se pode esquecer que o DRE é realidade a conta de Lucro Líquido/ Retido do Passivo, detalhado. O DRE apenas organiza essa conta.

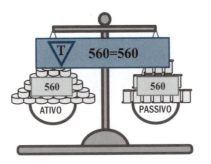

Guia Visual da Contabilidade

Resposta do Exercício

O Canvas preenchido é apresentado a seguir.

BALANÇO PATRIMONIAL (Valores em R$1.000,00)

ATIVO	S.I.	1	2	3	4	5	6	7	8	9	S.F.
Ativo Circulante											
Caixa	100		(70)								**30**
Bancos	120				(100)	20	150	(50)			**140**
Contas a Receber	120					80	(50)				**50**
Estoque Pr.Acab.	70		40	50	50	(50)				20	**180**
Estoque Mt.Prima		50		(50)							
Total Ativo Circulante											**400**
Ativo Não Circulante-Permanente											
Veículos	170										**170**
Participações	20										**20**
Deprec. Acum.										(30)	**(30)**
Total Permanente											**160**
Total do Ativo		Esperado		560		Calculado					**560**

PASSIVO	S.I.	1	2	3	4	5	6	7	8	9	S.F.
Passivo Circulante											
Fornecedores	310	50				(100)					**260**
Impostos a Pagar											
Salários a Pagar	90		70								**160**
Empréstimo											
Impostos a Pagar								10			**10**
Total Passivo Circulante											**430**
Patrimônio Líquido											
Capital	200										**200**
Lucro Líq./Retido											**(70)**
Patrimônio Líquido											**130**
Total do Passivo		Esperado		560		Calculado					**560**

DEMONSTRAÇÃO DE RESULTADOS DO EXERCÍCIO

DRE	1	2	3	4	5	6	7	8	9	S.F.
Rec.Vendas Brutas						100				**100**
Impostos Indiretos						(10)				**(10)**
Rec.Vendas Líquidas										**90**
C.P.V. / C.M.V.						(50)				**(50)**
Lucro Bruto										**40**
Despesas Admin.	(30)	(20)						(50)	(10)	**(110)**
Despesas Vendas										
Lucro Antes Res.Fin.										**(70)**
Lucro Líq./Retido	Esperado		(70)		Calculado					**(70)**

GASTOS x DESPESAS x CUSTOS

Exercício Proposto I

Resolva o Exercício no Canvas Abaixo e no D.R.E. da Página ao Lado

BALANÇO PATRIMONIAL (Valores em R$1.000,00)

ATIVO	S.I.	1	2	3	4	5	6	7	8	9	S.F.
Ativo Circulante											
Caixa											
Bancos											
Contas a Receber											
Estoque Mercad.											
Mat. Diversos											
Total Ativo Circulante											
Ativo Não Circulante-Realizável											
Títulos a Rec.L.P.											
Total Realizável Não Circulante											
Ativo Não Circulante-Permanente											
Instalações											
Móveis/utensílios											
Veículos											
Participações											
Total Permanente											
Total do Ativo	Esperado			560		Calculado					

PASSIVO	S.I.	1	2	3	4	5	6	7	8	9	S.F.
Passivo Circulante											
Fornecedores											
Impostos a Pagar											
Salários a Pagar											
Empréstimo											
Aluguéis a Pagar											
Total Passivo Circulante											
Passivo Não Circulante-Exigível											
Aluguéis a L.P.											
Empréstimos L.P.											
Total Exigível Não Circulante											
Patrimônio Líquido											
Capital											
Lucro/Prej.Acum											
Reservas											
Lucro Líq./Retido											
Patrimônio Líquido											
Total do Passivo	Esperado			560		Calculado					

Guia Visual da Contabilidade

ENUNCIADO DO EXERCÍCIO

A ABC Comércio iniciou suas atividades no período X1, e por isso não apresenta saldos iniciais em suas contas contábeis:

As transações do período X1 estão apresentadas a seguir:

1) Iniciou atividades com um Capital de R$200, 50% na Conta Bancária e 50% em móveis.

2) Comprou Estoque de mercadorias a prazo por R$300.

3) Vendeu por R$80 mercadorias que valem R$40, sendo recebido à vista.

4) Pagou com um cheque R$50 da Mercadoria adquirida a prazo na operação "2".

5) Reconheceu os salários dos empregados no valor de R$12, mas não pagou. Vai pagar só no dia 8.

6) Vendeu por R$100 mercadorias que valem R$60, sendo que 50% foi recebido à vista e 50% a prazo. Os impostos foram de R$10.

7) Pagou os salários dos empregados, com cheque, no valor de R$12.

8) Pagou as despesas de Aluguel no valor de R$2, Água e Luz R$3 e Telefone R$1 com cheques.

9) A depreciação do imobilizado foi de 10% de seu valor.

> O DRE está do lado direito para seguir a convenção de sinais.

DEMONSTRAÇÃO DE RESULTADOS DO EXERCÍCIO

DRE	1	2	3	4	5	6	7	8	9	S.F.
Rec. Vendas Brutas										
Impostos Indir.										
Rec. Vendas Líquidas										
C.P.V. / C.M.V.										
Lucro Bruto										
Despesas Admin.										
Despesas Vendas										
Lucro Antes Res. Fin.										
Receitas Financ.										
Despesas Financ.										
Lucro Antes do IR										
Imposto Renda										
Dividendos										
Lucro Líquido/Retido	Esperado			42		Calculado				

GASTOS x DESPESAS x CUSTOS

EXERCÍCIO PROPOSTO II

Resolva o Exercício no Canvas Abaixo e no D.R.E. da Página ao Lado

BALANÇO PATRIMONIAL (Valores em R$1.000,00)

ATIVO	S.I.	1	2	3	4	5	6	7	8	9	S.F.	PASSIVO	S.I.	1	2	3	4	5	6	7	8	9	S.F.
Ativo Circulante												**Passivo Circulante**											
Caixa												Fornecedores											
Bancos												Impostos a Pagar											
Contas a Receber												Salários a Pagar											
A Rec.Acionistas												Empréstimo											
Estoque Pr.Acab.												Aluguéis a Pagar											
Estoque Mt.Prima																							
Total Ativo Circulante												**Total Passivo Circulante**											
Ativo Não Circulante-Realizável												**Passivo Não Circulante-Exigível**											
Títulos a Rec.L.P.												Aluguéis a L.P.											
												Empréstimos L.P.											
Total Realizável Não Circulante												**Total Exigível Não Circulante**											
Ativo Não Circulante-Permanente												**Patrimônio Líquido**											
Instalações												Capital											
Imóveis												Lucro/Prej.Acum											
Veículos												Reservas											
Deprec. Acum.												Lucro Líq./Retido											
Total Permanente												**Patrimônio Líquido**											
Total do Ativo		Esperado		1.075	Calculado							**Total do Passivo**		Esperado		1.075	Calculado						

Guia Visual da Contabilidade

ENUNCIADO DO EXERCÍCIO

A Indústria BERETA apresentou em X8 os seguintes saldos em seu balancete de verificação:

BALANCETE DE VERIFICAÇÃO

Caixa	200
A Receber de Acionistas	200
Capital	600
Empréstimo	100
Estoque de Matéria-Prima	50
Estoque de Prod. Acabado	50
Fornecedores	50
Imóveis	100
Instalações	50
Títulos a Rec.L.P.	50
Veículos	50

No período de X9 ocorreram as seguintes transações:

1) Aumento de capital no valor de R$300, sendo que R$200 foi pago em dinheiro e R$100 para pagamento futuro.

2) Venda por R$100 de mercadorias que valem R$40, sendo que R$60 foi recebido à vista e o restante a pagar no curto prazo Os impostos foram de R$10.

3) Reconhecimento dos salários dos operários no valor de R$20 e do pessoal da administração R$10.

4) Pagamento de Luz e água sendo R$30 da fábrica e R$15 do escritório.

> O DRE está do lado direito para seguir a convenção de sinais.

DEMONSTRAÇÃO DE RESULTADOS DO EXERCÍCIO

DRE	1	2	3	4	5	6	7	8	9	S.F.
Rec.Vendas Brutas										
Impostos Indir.										
Rec.Vendas Líquidas										
C.P.V. / C.M.V.										
Lucro Bruto										
Despesas Admin.										
Despesas Vendas										
Lucro Antes Res.Fin.										
Receitas Financ.										
Despesas Financ.										
Lucro Antes do IR										
Imposto Renda										
Dividendos										
Lucro Líquido/Retido	Esperado			32		Calculado				

5) Pagamento em dinheiro de fornecedores no valor de R$50.

6) Pagamento de empréstimos no valor de R$50.

7) Venda por R$30 de mercadorias que valem R$10, sendo pago à vista. Os impostos foram de R$3.

8) Compra de matéria-prima a prazo por R$50.

9) Depreciação de máquinas/veículos/instalações da fábrica no valor de R$20 e do escritório no valor de R$10.

EXERCÍCIO PROPOSTO III

Resolva o Exercício no Canvas Abaixo e no D.R.E. da Página ao Lado

BALANÇO PATRIMONIAL (Valores em R$1.000,00)

ATIVO	S.I.	1	2	3	4	5	6	7	8	9	S.F.
Ativo Circulante											
Caixa											
Bancos											
Contas a Receber											
A Rec.Acionistas											
Estoque Mercad.											
Mat. Diversos											
Total Ativo Circulante											
Ativo Não Circulante-Realizável											
Títulos a Rec.L.P.											
Total Realizável Não Circulante											
Ativo Não Circulante-Permanente											
Instalações											
Imóveis											
Veículos											
Deprec. Acum.											
Total Permanente											
Total do Ativo	**Esperado**		**1.640**		**Calculado**						

PASSIVO	S.I.	1	2	3	4	5	6	7	8	9	S.F.
Passivo Circulante											
Fornecedores											
Impostos a Pagar											
Salários a Pagar											
Empréstimo											
Aluguéis a Pagar											
Total Passivo Circulante											
Passivo Não Circulante-Exigível											
Aluguéis a L.P.											
Empréstimos L.P.											
Total Exigível Não Circulante											
Patrimônio Líquido											
Capital											
Lucro/Prej.Acum											
Reservas											
Lucro Líq./Retido											
Patrimônio Líquido											
Total do Passivo	**Esperado**		**1.640**		**Calculado**						

Guia Visual da Contabilidade

ENUNCIADO DO EXERCÍCIO

A Cia Fácil Demais é uma empresa comercial e encerrou 20X7 com os seguintes saldos: Caixa R$40; Capital R$700; Imóveis R$500; Estoque de Mercadorias R$400; Fornecedor R$410; Salários a Pagar R$30; Contas a Receber R$330; Empréstimos R$130.

No período de 20X8 ocorreram as seguintes transações:

1) Venda por R$300 de mercadorias que valem R$200, a pagar a prazo. Os impostos foram de R$30 e comissão de R$15.

2) Abertura de uma conta corrente no banco por meio de um depósito em dinheiro no valor de R$10.

3) Compra de veículos por meio de financiamento por R$220.

4) Aquisição de mercadorias a prazo no valor de R$200.

5) Venda por R$400 de mercadorias que valem R$240, sendo pago à vista depositado no banco. Os impostos foram de R$40 e comissão de R$20.

6) Pagamento a fornecedores no valor de R$220 em cheque

7) Pagamento de salários no valor de R$20 em cheque

8) Recebimento de duplicatas dos clientes no valor de R$150, depositado no banco.

> O DRE está do lado direito para seguir a convenção de sinais.

DEMONSTRAÇÃO DE RESULTADOS DO EXERCÍCIO

DRE	1	2	3	4	5	6	7	8	9	S.F.
Rec.Vendas Brutas										
Impostos Indir.										
Rec.Vendas Líquidas										
C.P.V. / C.M.V.										
Lucro Bruto										
Despesas Admin.										
Despesas Vendas										
Lucro Antes Res.Fin.										
Receitas Financ.										
Despesas Financ.										
Lucro Antes do IR										
Imposto Renda										
Dividendos										
Lucro Líquido/Retido	**Esperado**			85		**Calculado**				

9) Pagamento de Despesa Administrativas no valor de R$40 e Despesa de Vendas de R$30 em cheque.

EXERCÍCIO PROPOSTO IV

Resolva o Exercício no Canvas Abaixo e no D.R.E. da Página ao Lado

BALANÇO PATRIMONIAL (Valores em R$1.000,00)

ATIVO	S.I.	1	2	3	4	5	6	7	8	9	S.F.
Ativo Circulante											
Caixa											
Bancos											
Contas a Receber											
A Rec.Acionistas											
Estoque Pr.Acab.											
Estoque Mt.Prima											
Total Ativo Circulante											
Ativo Não Circulante-Realizável											
Títulos a Rec.L.P.											
Total Realizável Não Circulante											
Ativo Não Circulante-Permanente											
Instalações											
Imóveis											
Veículos											
Deprec. Acum.											
Total Permanente											
Total do Ativo		**Esperado**		**4.140**		**Calculado**					

PASSIVO	S.I.	1	2	3	4	5	6	7	8	9	S.F.
Passivo Circulante											
Fornecedores											
Impostos a Pagar											
Salários a Pagar											
Empréstimo											
Aluguéis a Pagar											
Total Passivo Circulante											
Passivo Não Circulante-Exigível											
Aluguéis a L.P.											
Empréstimos L.P.											
Total Exigível Não Circulante											
Patrimônio Líquido											
Capital											
Lucro/Prej.Acum											
Reservas											
Lucro Líq./Retido											
Patrimônio Líquido											
Total do Passivo		**Esperado**		**4.140**		**Calculado**					

Guia Visual da Contabilidade

ENUNCIADO DO EXERCÍCIO

A Indústria ALPHA apresentou os seguintes saldos de 2012, em seu balancete de verificação:

BALANCETE DE VERIFICAÇÃO

Caixa	500
Capital	3.000
Móveis/Utensílios	1.500
Estoque e Mercadorias	770
Fornecedores	500
Salários a Pagar	150
Reservas	500
Duplicatas a Receber	1.000
Prejuízo Acumulado	(380)

No período de 2013 ocorreram as seguintes transações:

1) Aquisição de Matéria-Prima a prazo, no valor de R$500.

2) Reconhecimento dos salários a ser pago aos operários no dia 7 do mês seguinte, no valor de R$50, e do pessoal administrativo no valor de R$10.

3) Venda à vista por R$100 de mercadorias que valem R$50. Os impostos foram de R$10.

4) Pagamento da conta de luz do escritório, R$10 e da fábrica de R$15.

5) Os operários requisitam R$250 de matéria-prima para a produção.

> O DRE está do lado direito para seguir a convenção de sinais.

DEMONSTRAÇÃO DE RESULTADOS DO EXERCÍCIO

DRE	1	2	3	4	5	6	7	8	9	S.F.
Rec.Vendas Brutas										
Impostos Indir.										
Rec.Vendas Líquidas										
C.P.V. / C.M.V.										
Lucro Bruto										
Despesas Admin.										
Despesas Vendas										
Lucro Antes Res.Fin.										
Receitas Financ.										
Despesas Financ.										
Lucro Antes do IR										
Imposto Renda										
Dividendos										
Lucro Líquido/Retido	Esperado			10		Calculado				

6) Os salários devidos são pagos.

7) Depreciação do imobilizado da fábrica no valor de R$100 e do escritório valendo R$50.

8) Venda por R$100 a prazo de mercadorias que valem R$50. Os impostos foram de R$10.

9) Os impostos devidos são pagos.

GASTOS x DESPESAS x CUSTOS

Exercício Proposto V

Resolva o Exercício no Canvas Abaixo e no D.R.E. da Página ao Lado

BALANÇO PATRIMONIAL (Valores em R$1.000,00)

ATIVO	S.I.	1	2	3	4	5	6	7	8	9	S.F.
Ativo Circulante											
Caixa											
Bancos											
Contas a Receber											
A Rec.Acionistas											
Estoque Mercad.											
Mat. Diversos											
Total Ativo Circulante											
Ativo Não Circulante-Realizável											
Títulos a Rec.L.P.											
Total Realizável Não Circulante											
Ativo Não Circulante-Permanente											
Instalações											
Móveis/Utensílios											
Veículos											
Deprec. Acum.											
Total Permanente											
Total do Ativo	Esperado			1.615	Calculado						

PASSIVO	S.I.	1	2	3	4	5	6	7	8	9	S.F.
Passivo Circulante											
Fornecedores											
Impostos a Pagar											
Salários a Pagar											
Empréstimo											
Comissão a Pagar											
Total Passivo Circulante											
Passivo Não Circulante-Exigível											
Aluguéis a L.P.											
Empréstimos L.P.											
Total Exigível Não Circulante											
Patrimônio Líquido											
Capital											
Lucro/Prej.Acum											
Reservas											
Lucro Líq./Retido											
Patrimônio Líquido											
Total do Passivo	Esperado			1.615	Calculado						

Guia Visual da Contabilidade

ENUNCIADO DO EXERCÍCIO

Uma empresa comercial apresenta os seguintes saldos iniciais de suas contas: Caixa R$40; Capital R$700; Móveis/Utensílios R$500; Estoque de Mercadorias R$400; Fornecedores R$410; Salários a Pagar R$30; Contas a Receber R$330 Empréstimos em Curto Prazo R$130.

Em X8 ocorreram as seguintes transações:

1) Integralização de R$120 de capital sendo metade em dinheiro e metade através de Móveis/Utensílios.

2) Compra de mercadorias no valor de R$100 para pagamento a prazo.

3) Compra de veículos no valor de R$200 sendo que R$20 foi pago à vista e o restante a prazo.

4) Pagamento de despesas diversas R$20 e dos salários R$30.

5) Pagamento de despesas de energia elétrica R$30.

6) Vendas no valor de R$200 de mercadorias que valem R$130, sendo que R$150 foi recebido à vista e o restante a prazo. Os impostos foram de R$20, e comissão de R$10.

7) Recebimento de clientes no valor de R$30 referentes às vendas efetuadas no mês.

8) Pagamento aos fornecedores no valor de R$45.

O DRE está do lado direito para seguir a convenção de sinais.

DEMONSTRAÇÃO DE RESULTADOS DO EXERCÍCIO

DRE	1	2	3	4	5	6	7	8	9	S.F.
Rec. Vendas Brutas										
Impostos Indir.										
Rec. Vendas Líquidas										
C.P.V. / C.M.V.										
Lucro Bruto										
Despesas Admin.										
Despesas Vendas										
Lucro Antes Res.Fin.										
Receitas Financ.										
Despesas Financ.										
Lucro Antes do IR										
Imposto Renda										
Dividendos										
Lucro Líquido/Retido	Esperado			(22)		Calculado				

9) Reconhecimento que a empresa deve os salários do mês dos empregados no valor de R$12, que será pago no dia 8.

Exercício Proposto VI

Resolva o Exercício no Canvas Abaixo e no D.R.E. da Página ao Lado

BALANÇO PATRIMONIAL (Valores em R$1.000,00)

ATIVO	S.I.	1	2	3	4	5	6	7	8	9	S.F.	PASSIVO	S.I.	1	2	3	4	5	6	7	8	9	S.F.
Ativo Circulante												**Passivo Circulante**											
Caixa												Fornecedores											
Bancos												Impostos a Pagar											
Contas a Receber												Salários a Pagar											
A Rec.Acionistas												Empréstimo											
Estoque Pr.Acab.												Aluguéis a Pagar											
Estoque Mt.Prima												Juros a Pagar											
Total Ativo Circulante												**Total Passivo Circulante**											
Ativo Não Circulante-Realizável												**Passivo Não Circulante-Exigível**											
Títulos a Rec.L.P.												Aluguéis a L.P.											
												Empréstimos L.P.											
Total Realizável Não Circulante												**Total Exigível Não Circulante**											
Ativo Não Circulante-Permanente												**Patrimônio Líquido**											
Instalações												Capital											
Maq. e Equip.												Lucro/Prej.Acum											
Terrenos												Reservas											
Deprec. Acum.												Lucro Líq./Retido											
Total Permanente												**Patrimônio Líquido**											
Total do Ativo			Esperado		805	Calculado						**Total do Passivo**			Esperado		805	Calculado					

ENUNCIADO DO EXERCÍCIO

A Indústria Sul S.A apresentou as seguintes contas em X9.

BALANCETE DE VERIFICAÇÃO

Caixa	100
Capital	300
Contas a Receber	125
Empréstimos L.P.	70
Estoque de Produtos	20
Fornecedores	25
Instalações	100
Juros a Pagar	5
Lucro/Prejuízo Acumulado	(20)
Máq. e Equip.	40
Reservas	40
Salários a Pagar	15
Terrenos	50

No período de X10 ocorreram as seguintes transações:

1) Integralização do capital social no valor de R$200 pago em dinheiro.

2) Pagamento de R$20 na compra de materiais de escritório (despesa adm.).

3) Pagamento de R$80 referente ao aluguel da fábrica.

4) Compra de Matéria-Prima a prazo, por R$100.

5) Os operários solicitaram Matéria-Prima para a fabricação dos produtos ao custo de R$50.

> **O DRE está do lado direito para seguir a convenção de sinais.**

DEMONSTRAÇÃO DE RESULTADOS DO EXERCÍCIO

DRE	1	2	3	4	5	6	7	8	9	S.F.
Rec.Vendas Brutas										
Impostos Indir.										
Rec.Vendas Líquidas										
C.P.V. / C.M.V.										
Lucro Bruto										
Despesas Admin.										
Despesas Vendas										
Lucro Antes Res.Fin.										
Receitas Financ.										
Despesas Financ.										
Lucro Antes do IR										
Imposto Renda										
Dividendos										
Lucro Líquido/Retido	**Esperado**			**40**		**Calculado**				

6) Venda de mercadoria R$200 a prazo. O custo da mercadoria foi de R$120 e os impostos sobre a venda de R$20.

7) Pagamento de Despesas Administrativas no valor de R$60

8) Venda à vista por R$100 de mercadorias que valem R$30. Os impostos foram de R$10.

9) A depreciação da fábrica no período foi de R$10.

132 Guia Visual da Contabilidade

SEÇÃO 6
FLUXO DE CAIXA

Guia Visual da Contabilidade

DEMONSTRAÇÃO DE FLUXO DE CAIXA

Como foi administrado o dinheiro da empresa?

ATIVO	S.I.	1	2	3	4	5	6	7	8	9	S.F.
Ativo Circulante												
Caixa	38	150		50	12				(69)	80	261
Bancos	12		80	(50)		140	(20)	35			197

Fluxo de caixa é o termo utilizado para designar as entradas e saídas de dinheiro na empresa. Basicamente é toda a movimentação das contas "Caixa" e "Bancos" e das aplicações financeiras de liquides imediatas (três meses ou menos).

Sua importância para a empresa é informar como o caixa (dinheiro) é obtido e como é utilizado. Com o relatório é possível avaliar a capacidade futura de geração de caixa e o endividamento esperado.

Muitos analistas consideram o Fluxo de Caixa mais importante que a Demonstração de Resultados do Exercício, porque um fluxo de caixa negativo leva à insolvência da empresa no curto prazo, enquanto prejuízos apresentados no DRE levam a empresa à insolvência em médio ou longo prazo.

Este relatório passou a ser de apresentação obrigatória nas demonstrações financeiras a partir de 01/01/2008, por força da lei 11.638/2007, para as empresas de capital aberto e para as que tenham patrimônio líquido superior a R$2.000.000.

O fluxo de caixa pode ser utilizado para avaliação de projetos, em combinação com técnicas de matemática financeira, mas este assunto não será explorado nesse livro. Apenas o aspecto contábil do fluxo de caixa será abordado.

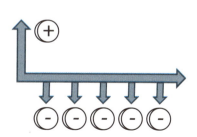

Como é organizado a Demonstração de Fluxo de Caixa

DEMONSTRAÇÃO DE FLUXO DE CAIXA			
OPERACIONAIS	1	...	S.F.
(+) Receb. Clientes			
(+) Outros			
(−) Pagam. Fornec.			
(−) Salários Pagos			
(−) Impostos Pagos			
(−) Outros			
Disponibilidades Operacionais			

INVESTIMENTOS	1	...	S.F.
(+) Receb. Venda Imob.			
(−) Compra Permanente			
Disponibilidades Investimentos			

FINANCIAMENTO	1	...	S.F.
(+) Empréstimos			
(+) Integral. Capital			
(−) Amort. Empr.			
Disponibilidades Financiamentos			

AUMENTO LÍQUIDO DISPONIB.	
Caixa e Bancos-Saldo Inicial	
Total de Entradas	
Total de Saídas	
Caixa e Bancos-Saldo Final	

O formato definido para a Demonstração de Fluxo de Caixa é apresentado a seguir. Este formato facilita ao analista avaliar a origem e o destino do dinheiro da empresa. É importante ressaltar que lucro não é necessariamente caixa. O lucro pode ser uma fonte de caixa, mas a venda de ativos também gera caixa, assim como empréstimos que aumentam o passivo.

O Fluxo de Caixa é dividido em:

1 "Atividades Operacionais" que são as transações normais da empresa como o recebimento de clientes, o pagamento de fornecedores, salários, impostos, juros etc.

2 "Atividades de Investimento" que são as atividades que serão lançadas no "Ativo Permanente" como a compra ou a venda de imóveis, veículos, ações e outros ativos imobilizados

3 "Atividades de Financiamento" que são os empréstimos bancários e debêntures que a empresa solicita, utiliza e amortiza, e o capital que os donos investem na empresa.

Para facilitar a compreensão, cada um destes itens foi separado em blocos de Entradas e Saídas. Cada item tem uma totalização que é a soma das entradas e a subtração das saídas.

4 Por fim, é apresentado um resumo denominado "Aumento Líquido nas Disponibilidades", com os saldos iniciais do "Caixa" e "Bancos", o total de entradas e de saídas e o saldo final das contas do caixa.

Guia Visual da Contabilidade

MODO DIRETO E MODO INDIRETO

Fluxo de caixa pelo modo direto

ATIVO

	S.I.	1	2	S.F.
Contas a Receber	15		②(15)	0
Estoque Mercad.	①30	50		80
Total do Ativo			T	80

DEM. FLUXO DE CAIXA
ATIV. OPERACIONAIS

(+) Receb. Clientes			②15	15
(-) Pagam. Fornec.		①(30)		(30)

AUMENTO DAS DISPONIBILIDADES

Caixa e Bancos - S.I.		100
Caixa e Bancos - S.F.	T	85

PASSIVO

	S.I.	1	2	S.F.
Fornecedores	45	①20		65
Capital	100			100
Total do Passivo			T	165

DRE

Rec. Vendas Líquidas				
C.P.V. / C.M.V.				
Lucro Líquido = Lucro Bruto			T	0

Existem duas maneiras de calcular a demonstração de fluxo de caixa, pelos modos direto e indireto. Será apresentado a seguir, o modo indireto, no entanto, o método CANVAS utiliza o modo direto, que será descrito após o modo indireto.

O fato de se ter as informações dos lançamentos contábeis, viabiliza o cálculo. Essa será a maneira como serão efetuados os cálculos nos exercícios pelo método CANVAS.

Não serão utilizadas as contas Caixa e Bancos, que deveriam estar no Ativo Circulante da demonstração acima. Serão utilizadas as contas da Demonstração de Fluxo de Caixa, no canto inferior esquerdo do CANVAS. Pelo modo direto é possível verificar que o Saldo Final é igual ao Saldo Inicial, somado a toda movimentação da conta Caixa / Bancos no período.

S.F. = S.I. + Σ Movimentação das contas Caixa e Bancos

S.F. = 100 - 30 + 15

S.F. = 85

A empresa termina o período com R$85 em dinheiro (Saldo Final de Caixa e Bancos).

Talvez mais importante que saber o saldo final, é saber onde foi obtido e gasto o dinheiro da empresa. Neste exemplo o dinheiro foi todo aplicado nas operações da empresa.

Para exemplificar:

Uma empresa apresenta como Saldos Iniciais os valores: Caixa /Bancos R$100, Contas a Receber R$15, Estoque de Mercadorias R$30, Fornecedores R$45 e Capital R$100.

Durante o ano ocorreram as transações:

1 Compra de mercadorias no valor de R$50 sendo R$30 pago a vista e R$20 a pagar em 90 dias.

2 Recebimento de R$15 dos clientes depositado no banco.

DEMONSTRAÇÃO DE FLUXO DE CAIXA

Cálculo do fluxo de caixa pelo modo indireto

BALANÇO PATRIMONIAL (VALORES EM R$1.000,00)

ATIVO	Ano$_1$	Ano$_2$
Ativo Circulante		
Caixa / Bancos	48	120
Contas a Receber	30	42
Estoque Mercador.	14	12
Total Ativo Circ.	**92**	**174**
Ativo Não Circulante-Realizável		
Títulos a Rec.L.P.	44	72
Total Não Circ.	**44**	**72**
Ativo Não Circulante-Permanente		
Imobilizado	42	48
Participações	11	18
Deprec. Acum.	(10)	(16)
Amort. Acumulada	(5)	(12)
Total Permanente	**38**	**38**
Total do Ativo	**174**	**284**

PASSIVO	Ano$_1$	Ano$_2$
Passivo Circulante		
Fornecedores	41	28
Salários a Pagar	10	18
Empréstimo	20	9
Impostos a Pagar	3	6
Total Passivo Circ.	**74**	**61**
Passivo Não Circulante-Exigível		
Empréstimos L.P.	0	14
Total Não Circ.	**0**	**14**
Patrimônio Líquido		
Capital	80	180
Lucro Líquido/Retido	20	29
Total Patr. Líquido	**100**	**209**
Total do Passivo	**174**	**284**

FLUXO DE CAIXA	
Disponib. Operacionais	?
Disponib. Investimentos	?
Disponib. Financiamentos	?
Caixa/Bancos-Saldo Inicial	48
Variação	72
Caixa/Bancos-Saldo Final	120

DRE	Ano$_1$	Ano$_2$
Rec.Vendas Brutas	80	74
Impostos Indir.	(11)	(9)
Rec.Vendas Líquidas	69	65
C.P.V. / C.M.V.	(30)	(27)
Lucro Bruto	39	38
Despesas Deprec.	(8)	(6)
Despesas Amort.	(12)	(7)
Lucro Antes Res.Fin.	19	25
Res.Equ.Patr.	3	7
Despesas Financ.	(2)	(3)
Lucro Líq./Retido	20	29

O modo indireto é elaborado quando não se tem a Demonstração de Fluxo de Caixa nos relatórios financeiros, apenas os Balanços Patrimoniais e as Demonstrações de Resultados do Exercício de dois anos consecuticos.

Neste caso se faz uma reconciliação entre o lucro líquido do exercício e as contas do balanço que afetam o DRE e não afetam o caixa da empresa, permitindo que se calcule o quanto o lucro foi efetivamente convertido em caixa.

O modo indireto é menos trabalhoso de confeccionar, pois pode ser elaborado com algumas contas. Para elaborar o fluxo pelo modo direto, é necessário lançar no demonstrativo todos os lançamentos que alteram o caixa da empresa.

A confecção do demonstrativo por este modo, será explicado nas próximas páginas, mas ele não será utilizado no método CANVAS.

Cálculo das Disponibilidades Operacionais do Fluxo de Caixa pelo modo Indireto

BALANÇO PATRIMONIAL (VALORES EM R$1.000,00)

ATIVO	Ano_1	Ano_2
Ativo Circulante		
Caixa / Bancos	48	120
Contas a Receber	30	42
Estoque Mercador.	20	12
Total Ativo Circ.	**98**	**174**
Ativo Não Circulante-Realizável		
Títulos a Rec.L.P.	44	72
Total Não Circ.	**44**	**72**
Ativo Não Circulante-Permanente		
Imobilizado	42	48
Participações	11	18
Deprec. Acum.	(10)	(16)
Amort. Acumulada	(5)	(12)
Total Permanente	**38**	**38**
Total do Ativo	**180**	**284**

PASSIVO	Ano_1	Ano_2
Passivo Circulante		
Fornecedores	41	28
Salários a Pagar	16	18
Empréstimo	20	9
Impostos a Pagar	3	6
Total Passivo Circ.	**80**	**61**
Passivo Não Circulante-Exigível		
Empréstimos L.P.		14
Total Não Circ.		**14**
Patrimônio Líquido		
Capital	80	180
Lucro Líq./Retido	20	29
Total Patr. Líquido	**100**	**209**
Total do Passivo	**180**	**284**

FLUXO DE CAIXA	
Disponib. Operacionais	(2)
Disponib. Investimentos	?
Disponib. Financiamentos	?
Caixa/Bancos-Saldo Inicial	48
Variação	72
Caixa/Bancos-Saldo Final	120

$$\Delta = Ano_2 - Ano_1$$

DRE	Ano_1	Ano_2
Rec.Vendas Brutas	80	74
Impostos Indir.	(11)	(9)
Rec.Vendas Líquidas	69	65
C.P.V. / C.M.V.	(30)	(27)
Lucro Bruto	39	38
Despesas Deprec.	(8)	(6)
Despesas Amort.	(12)	(7)
Lucro Antes Res.Fin.	19	25
Res.Equ.Patr.	3	7
Despesas Financ.	(2)	(3)
Lucro Líq./Retido	20	29

1) Subtrai-se do Lucro Líquido do período as movimentações do período das contas de Depreciação, Amortizações e os valores das Receitas de Equivalência Patrimonial.

$$DO_1 = LL - \Delta\,Deprec. - \Delta\,Amort. - Res.Equ.Patr.$$

DO1 - FLUXO DE CAIXA	Ano_1	Ano_2	Δ
(+) Lucro Líquido/Retido (DRE)	X	29	29
(-) Deprec. Acumulada (Ativo)	(10)	(16)	(6)
(-) Amort. Acumuladas (Ativo)	(5)	(12)	(7)
(-) Resultado Equ. Patr. (DRE)	X	4	4
DO1			38

2) Subtrai-se a movimentação das contas do Ativo Circulante e do Realizável, sem considerar a conta "Caixa e Bancos".

$$DO_2 = DO_1 - \Delta\,At.Circ. - \Delta\,At.Realiz. + \Delta\,Caixa/Bancos$$

DO2 - FLUXO DE CAIXA	Ano_1	Ano_2	Δ
(+) DO1			38
(-) Ativo Circulante	98	174	76
(-) Ativo Realizável	44	72	28
(+) Caixa / Bancos	48	120	72
DO2			6

3) Soma-se as movimentações das contas do Passivo Circulante e do Exigível, sem considerar a conta Empréstimos

$$DO = DO_2 + \Delta\,Pas.Circ. + \Delta\,Pas.Exigível - \Delta\,Empr.$$

DO - FLUXO DE CAIXA	Ano_1	Ano_2	Δ
(+) DO2			6
(+) Passivo Circulante	80	61	(19)
(+) Passivo Exigível	-	14	14
(-) Empréstimos	20	23	3
Disponibilidades Operacionais			(2)

DEMONSTRAÇÃO DE FLUXO DE CAIXA

Cálculo das Disponibilidades de Investimentos do Fluxo de Caixa pelo modo Indireto

BALANÇO PATRIMONIAL (VALORES EM R$1.000,00)

ATIVO	Ano$_1$	Ano$_2$
Ativo Circulante		
Caixa / Bancos	48	120
Contas a Receber	30	42
Estoque Mercador.	20	12
Total Ativo Circ.	**98**	**174**
Ativo Não Circulante-Realizável		
Títulos a Rec.L.P.	44	72
Total Não Circ.	**44**	**72**
Ativo Não Circulante-Permanente		
Imobilizado	42	48
Participações	11	18
Deprec. Acum.	(10)	(16)
Amort. Acumulada	(5)	(12)
Total Permanente	**38**	**38**
Total do Ativo	**180**	**284**

PASSIVO	Ano$_1$	Ano$_2$
Passivo Circulante		
Fornecedores	41	28
Salários a Pagar	16	18
Empréstimo	20	9
Impostos a Pagar	3	6
Total Passivo Circ.	**80**	**61**
Passivo Não Circulante-Exigível		
Empréstimos L.P.		14
Total Não Circ.		**14**
Patrimônio Líquido		
Capital	80	180
Lucro Líquido/Retido	20	29
Total Patr. Líquido	**100**	**209**
Total do Passivo	**180**	**284**

FLUXO DE CAIXA	
Disponib. Operacionais	**(2)**
Disponib. Investimentos	**(9)**
Disponib. Financiamentos	**?**
Caixa/Bancos-Saldo Inicial	**48**
Variação	**72**
Caixa/Bancos-Saldo Final	**120**

$$\Delta = Ano_2 - Ano_1$$

DRE	Ano$_1$	Ano$_2$
Rec.Vendas Brutas	**80**	**74**
Impostos Indir.	(11)	(9)
Rec.Vendas Líquidas	**69**	**65**
C.P.V. / C.M.V.	(30)	(27)
Lucro Bruto	**39**	**38**
Despesas Deprec.	(8)	(6)
Despesas Amort.	(12)	(7)
Lucro Antes Res.Fin.	**19**	**25**
Res.Equ.Patr.	3	7
Despesas Financ.	(2)	(3)
Lucro Líq./Retido	**20**	**29**

O cálculo das **Disponibilidades de Investimentos** (DI) da empresa:

4) Se calcula a movimentação de caixa em investimentos pela diferença das contas do Ativo Não Circulante - Permanente, não considerando as depreciações, amortizações e Equivalências Patrimoniais.

$$DI = - \Delta\ Permanente + \Delta\ Deprec. + \Delta\ Amortização + Res.Equ.Patr.$$

D.I. - FLUXO DE CAIXA	Ano$_1$	Ano$_2$	Δ
Permanente	**38**	**38**	**0**
Deprec. Acumulada (Ativo)	**(10)**	**(16)**	**(6)**
Amortizações Acumuladas (Ativo)	**(5)**	**(12)**	**(7)**
Resultado Equ. Patr. (DRE)	**3**	**7**	**4**
Disponibilidades de Investimentos			**(9)**

140 Guia Visual da Contabilidade

Cálculo das Disponibilidades de Financiamento do Fluxo de Caixa pelo modo Indireto

BALANÇO PATRIMONIAL (VALORES EM R$1.000,00)

ATIVO	Ano$_1$	Ano$_2$
Ativo Circulante		
Caixa / Bancos	48	120
Contas a Receber	30	42
Estoque Mercador.	20	12
Total Ativo Circ.	**98**	**174**
Ativo Não Circulante-Realizável		
Títulos a Rec.L.P.	44	72
Total Não Circ.	**44**	**72**
Ativo Não Circulante-Permanente		
Imobilizado	42	48
Participações	11	18
Deprec. Acum.	(10)	(16)
Amort. Acumulada	(5)	(12)
Total Permanente	**38**	**38**
Total do Ativo	**180**	**284**

PASSIVO	Ano$_1$	Ano$_2$
Passivo Circulante		
Fornecedores	41	28
Salários a Pagar	16	18
Empréstimo	20	9
Impostos a Pagar	3	6
Total Passivo Circ.	**80**	**61**
Passivo Não Circulante-Exigível		
Empréstimos L.P.		14
Total Não Circ.		**14**
Patrimônio Líquido		
Capital	80	180
Lucro Líquido/Retido	20	29
Total Patr. Líquido	**100**	**209**
Total do Passivo	**180**	**284**

FLUXO DE CAIXA	
Disponib. Operacionais	**(2)**
Disponib. Investimentos	**(9)**
Disponib. Financiamentos	**83**
Caixa/Bancos-Saldo Inicial	**48**
Variação	**72**
Caixa/Bancos-Saldo Final	**120**

DRE	Ano$_1$	Ano$_2$
Rec.Vendas Brutas	**80**	**74**
Impostos Indir.	(11)	(9)
Rec.Vendas Líquidas	**69**	**65**
C.P.V. / C.M.V.	(30)	(27)
Lucro Bruto	**39**	**38**
Despesas Deprec.	(8)	(6)
Despesas Amort.	(12)	(7)
Lucro Antes Res.Fin.	**19**	**25**
Res.Equ.Patr.	3	7
Despesas Financ.	(2)	(3)
Lucro Líq./Retido	**20**	**29**

$$\Delta = Ano_2 - Ano_1$$

O cálculo das **Disponibilidades de Financiamento**(DF) da empresa:

5) Para o cálculo da movimentação de caixa em financiamentos leva-se em consideração a diferença das contas de empréstimos e financiamento e os aumentos de capital por capitalização pelos acionistas. Também devem ser considerados os pagamentos de dividendos.

$$DF = \Delta \text{ Empr. CP } + \Delta \text{ Emp. LP } + \Delta \text{ Capital } - \text{ Pag. Dividendos}$$

D.F. - FLUXO DE CAIXA	Ano$_1$	Ano$_2$	Δ
Empréstimos de Curto Prazo	**20**	**9**	**(11)**
Empréstimos L.P.	**-**	**14**	**14**
Capital (Com Lucro Liq. Ano 1)	**100**	**180**	**80**
Dividendos	X	**0**	**0**
Disponib. de Financiamentos			**83**

Soma-se ao Capital o Lucro Líquido / Retido do ano anterior.

(!)

DEMONSTRAÇÃO DE FLUXO DE CAIXA

Modo Direto versus Modo Indireto

FLUXO DE CAIXA - DIRETO	
OPERACIONAIS	
(+) Receb. Clientes	65
(+) Outros	10
(-) Pagam. Fornec.	(35)
(-) Salários Pagos	(2)
(-) Juros Pagos	(3)
(-) Outros	(10)
Disponib. Operacionais	25
INVESTIMENTOS	
(-) Compra Perman.	(22)
Disponib. de Investimentos	(22)
FINANCIAMENTOS	
(+) Empréstimos	14
(+) Integrali. Capit.	150
(-) Amort. Empr.	(11)
Disponib. Financiamentos	153
DISPONIBILIDADES	
Caixa/Bancos-Saldo Inicial	48
Total de Entradas	239
Total de Saídas	(83)
Caixa/Bancos-Saldo Final	204

Ao lado é possível ver as diferenças entre se calcular a Demonstração de Fluxo de Caixa pelo modo direto e pelo modo indireto.

O modo direto permite que se apresente, com alto nível de detalhe, como a empresa está movimentando o seu dinheiro. Mas apenas a empresa, por ter os registros de seus pagamentos e recebimentos, consegue montar o fluxo com esse detalhamento.

Para um analista que esteja avaliando a empresa, caso esta não tenha disponibilizado o relatório, resta elaborar o fluxo de caixa pelo modo indireto, que apresentará informações consolidadas.

De qualquer forma esta informação é importante para se conhecer a gestão de caixa da empresa. Uma empresa que administra bem seu caixa, necessita menos de empréstimos, tendo menos despesas financeiras. Uma empresa que não cuida de seu caixa pode entrar rapidamente em insolvência.

FLUXO DE CAIXA - INDIRETO	
Disponib. Operacionais	25
Disponib. Investimentos	(22)
Disponib. Financiamentos	153
Caixa/Bancos-Saldo Inicial	48
Caixa/Bancos-Saldo Final	204

Regime de Caixa e de Competência

Regime de Competência e Regime de Caixa

EXEMPLO 1

FLUXO DE CAIXA	Ano$_2$
Disponib. Operacionais	25
Disponib. Investimentos	(86)
Disponib. Financiamentos	15
Caixa e Bancos-Saldo Inicial	48
Caixa e Bancos-Saldo Final	2

DRE	Ano$_2$
Rec. Vendas Brutas	272
Impostos Indir.	(21)
Rec. Vendas Líquidas	251
C.P.V. / C.M.V.	(87)
Lucro Bruto	164
Despesas Deprec.	(15)
Lucro Antes Res.Fin.	149
Receitas Financ.	31
Despesas Financ.	(3)
Lucro Líquido/Retido	177

EXEMPLO 2

FLUXO DE CAIXA	Ano$_2$
Disponib. Operacionais	25
Disponib. Investimentos	(22)
Disponib. Financiamentos	153
Caixa e Bancos-Saldo Inicial	48
Caixa e Bancos-Saldo Final	204

DRE	Ano$_2$
Rec. Vendas Brutas	74
Impostos Indir.	(9)
Rec. Vendas Líquidas	65
C.P.V. / C.M.V.	(62)
Lucro Bruto	3
Despesas Deprec.	(6)
Lucro Antes Res.Fin.	(3)
Res.Equ.Patr.	4
Despesas Financ.	(15)
Lucro Líquido/Retido	(14)

Como é possível ver nos dois exemplos ao lado, o saldo final de caixa não precisa, necessariamente, seguir o resultado da empresa.

Exemplo 1 Pode ocorrer de a empresa estar tendo lucro mas ter utilizado toda a sua reserva de caixa, que é chamada de Capital de Giro.

Exemplo 2 Pode também ter prejuízo, mas com saldo positivo de caixa.

Esta diferença é motivada pelas vendas e compras feitas a prazo, pelas entradas e saídas de financiamentos e pelas compras e vendas de ativos imobilizados.

A contabilidade deve sempre ser elaborada usando o "**Regime de Competência**", seguindo o "**Princípio da Competência**". Ao se calcular o lucro da empresa, este princípio as obriga a considerar as transações que não geram caixa imediatamente.

Porém, para empresas que apuram seus tributos na sistemática de Lucro Presumido ou do Simples Nacional, o tributo pode ser apurado de uma forma mais simplificada, considerando-se as receitas no seu recebimento efetivo e as despesas no seu pagamento. Esta forma de contabilização é chamada de "**Regime de Caixa**".

Os exercícios desse livro foram elaborados utilizando o **Regime de Competência**.

Lançamentos Usando o Fluxo de Caixa

O modo de contabilizar continua sendo semelhante ao usado anteriormente

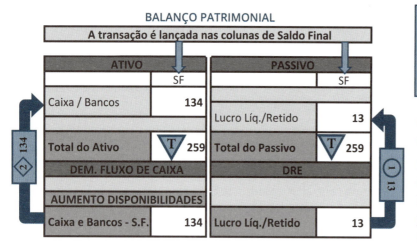

É possível perceber que as contas "Caixa e Bancos" não apresentam campos a serem preenchidos. Todos os seus lançamentos deverão ser direcionados para a Demonstração de Fluxo de Caixa (DFC). A DFC substitui essas contas, com detalhes.

Os lançamentos contábeis são feitos como nos exercícios anteriores.

É necessário seguir a mesma convenção de sinais. O Fluxo de Caixa fica do lado do Ativo, para efeito da convenção de sinais. Na verdade a DFC é a conta "Caixa e Bancos" detalhada, que pertence ao Ativo Circulante. Para lançamentos múltiplos a soma dos valores do lado do ativo tem que ser igual à soma dos valores do lado do Passivo.

1 Por fim, da mesma forma que se transfere o "Lucro Líquido" do DRE para sua conta de lucro no Patrimônio Líquido, deve-se transferir o Saldo Final da Demonstração de Fluxo de Caixa para o S.F. da conta "Caixa e Bancos" do ativo circulante.

2

DEMONSTRAÇÃO DE FLUXO DE CAIXA

Exercício Passo a Passo I

Resolva o Exercício no Canvas Abaixo e no Fluxo de Caixa e D.R.E. da Página ao Lado

BALANÇO PATRIMONIAL (Valores em R$1.000,00)

ATIVO	S.I.	1	2	3	4	5	6	7	8	9	S.F.
Ativo Circulante											
Caixa											
Bancos											
Contas a Receber											
A Rec.Acionistas											
Estoque Mercad.											
Mat. Diversos											
Total Ativo Circulante											
Ativo Não Circulante-Realizável											
Títulos a Rec.L.P.											
Total Realizável Não Circulante											
Ativo Não Circulante-Permanente											
Instalações											
Móveis/utensílios											
Veículos											
Deprec. Acum.											
Total Permanente											
Total do Ativo		**Esperado**		772	**Calculado**						

PASSIVO	S.I.	1	2	3	4	5	6	7	8	9	S.F.
Passivo Circulante											
Fornecedores											
Impostos a Pagar											
Salários a Pagar											
Empréstimo											
Aluguéis a Pagar											
Juros a Pagar											
Total Passivo Circulante											
Passivo Não Circulante-Exigível											
Aluguéis a L.P.											
Fornecedores L.P.											
Total Exigível Não Circulante											
Patrimônio Líquido											
Capital											
Lucro/Prej.Acum											
Reservas											
Lucro Líq./Retido											
Patrimônio Líquido											
Total do Passivo		**Esperado**		772	**Calculado**						

Guia Visual da Contabilidade

O Fluxo está do lado esquerdo para seguir a convenção de sinais	O DRE está do lado direito para seguir a convenção de sinais.

DEMONSTRAÇÃO DE FLUXO DE CAIXA

OPERACIONAIS	1	2	3	4	5	6	7	8	9	S.F.
(+) Receb. Clientes										
(+) Outros										
(-) Pagam. Fornec.										
(-) Salários Pagos										
(-) Impostos Pagos										
(-) Outros										
Disponibilidades Operacionais										
INVESTIMENTOS	1	2	3	4	5	6	7	8	9	S.F.
(-) Rec.Venda Imob.										
(-) Compra Perman.										
Disponibilidades Investimentos										
FINANCIAMENTOS	1	2	3	4	5	6	7	8	9	S.F.
(+) Empréstimos										
(+) Integral. Capit.										
(-) Amort. Empr.										
Disponibilidades Financiamentos										

AUMENTO LÍQUIDO NAS DISPONIBILIDADES			
Caixa/Bancos-Saldo Inicial	Esperado	200	Calculado
Total de Entradas		380	
Total de Saídas		(528)	
Caixa/Bancos-Saldo Final		52	

DEMONSTRAÇÃO DE RESULTADOS DO EXERCÍCIO

DRE	1	2	3	4	5	6	7	8	9	S.F.
Rec.Vendas Brutas										
Impostos Indir.										
Rec.Vendas Líquidas										
C.P.V. / C.M.V.										
Lucro Bruto										
Despesas Admin.										
Despesas Vendas										
Lucro Antes Res.Fin.										
Receitas Financ.										
Despesas Financ.										
Lucro Antes do IR										
Imposto Renda										
Dividendos										
Lucro Líquido/Retido	Esperado			32		Calculado				

DEMONSTRAÇÃO DE FLUXO DE CAIXA

ENUNCIADO DO EXERCÍCIO

Uma empresa do ramo comercial apresenta os seguintes saldos das contas em 20X7:

Caixa R$150; Valores a Receber dos Acionistas R$200; Capital R$600; Empréstimo R$100; Estoque de Mercadorias R$100; Fornecedores R$50; Imóveis R$100; Instalações R$50; Contas a Receber L.P. R$50; Veículos R$50, Banco R$50.

Os lançamentos contábeis de 20X8 foram:

1) Integralização dos valores devidos pelos acionistas no valor de R$200.

2) Venda por R$100 de mercadorias que valem R$50, sendo recebido à vista R$60 e R$40 no curto prazo. O valor dos impostos foi R$10, pago à vista.

3) Compra de R$200 em produtos com R$150 para pagar a prazo e R$50 pago à vista.

4) Venda por R$200 de mercadorias que valem R$100 sendo recebido à vista R$120 e R$80 a receber no curto prazo. O valor dos impostos foi R$20, pago à vista.

5) Reconhecimento das dívidas no valor de R$50 de salários, R$10 de eletricidade e R$20 de água.

6) Pagamento de fornecedores em dinheiro no valor de R$140.

7) Pagamento das dívidas da transação 5, sendo salários R$50, eletricidade R$10 e água R$20.

8) Compra de um veículo por R$200, sendo R$120 pago à vista e R$80 em longo prazo.

9) Pagamento de empréstimo no valor de R$100, com juros de R$8.

Com base nesses dados lançar os saldos iniciais e as transações contábeis nos CANVAS das páginas anteriores.

Solução

Inicia-se o exercício transferindo-se os Saldos Iniciais do Balancete de Verificação para as colunas S.I. (Saldo Inicial) do Balanço Patrimonial.

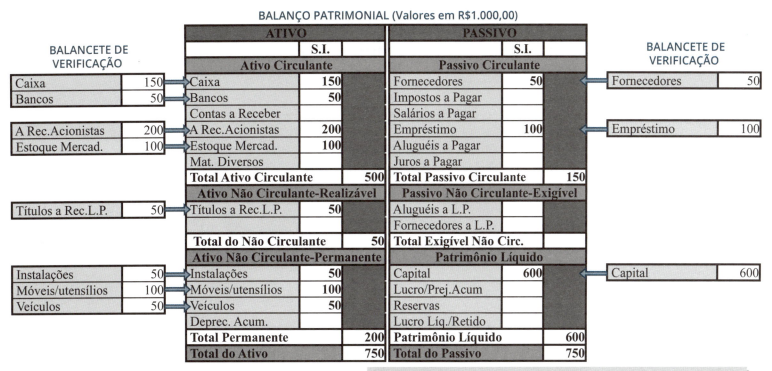

Para montar a Demonstração de Fluxo de Caixa, é necessário uma etapa inicial, para preparar a planilha.

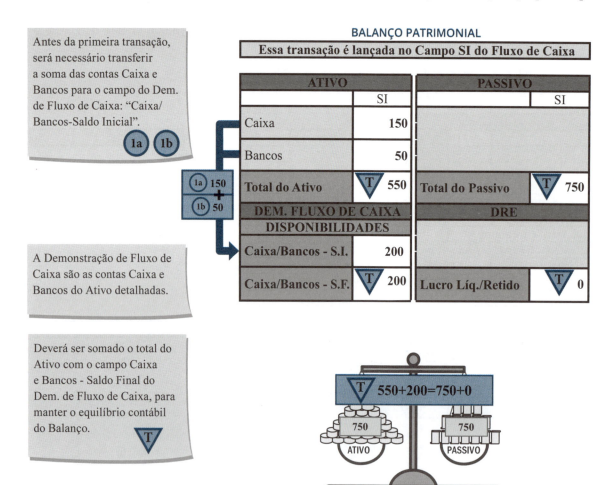

Após a transferência dos valores, o Balanço Patrimonial ficará com os seguintes Saldos.

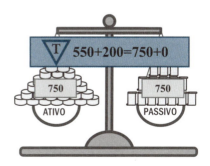

BALANÇO PATRIMONIAL

ATIVO	S.I.	S.F.	PASSIVO	S.I.	S.F.
Ativo Circulante			**Passivo Circulante**		
Caixa			Fornecedores	50	50
Bancos			Impostos a Pagar		
Contas a Receber			Salários a Pagar		
A Rec. Acionistas	200	200	Empréstimo	100	100
Estoque Mercad.	100	100	Aluguéis a Pagar		
Mat. Diversos			Juros a Pagar		
Total Ativo Circulante		300	**Total Passivo Circulante**		150
Ativo Não Circulante-Realizável			**Passivo Não Circulante-Exigível**		
Títulos a Rec.L.P.	50	50	Aluguéis a L.P.		
			Fornecedores a L.P.		
Total do Não Circulante		50	**Total do Não Circulante**		
Ativo Não Circulante-Permanente			**Patrimônio Líquido**		
Instalações	50	50	Capital	600	600
Móveis/utensílios	100	100			
Veículos	50	50			
Deprec. Acum.			Lucro Líq./Retido		
Total Permanente		200	**Patrimônio Líquido**		600
Total do Ativo		550	**Total do Passivo**		750
DEM. FLUXO DE CAIXA			**DRE**		
Caixa/Bancos-Saldo Inicial		200			
Caixa/Bancos-Saldo Final		200	Lucro Líquido/Retido		0

DEMONSTRAÇÃO DE FLUXO DE CAIXA

1) Integralização dos valores devidos pelos acionistas no valor de R$200.

Os acionistas estavam devendo para a empresa, e por fim pagaram. Com isso passaram a não dever mais. O lançamento é negativo, para zerar essa conta.

A entrada de dinheiro dos acionistas é considerada uma atividade de financiamento da empresa.

Por movimentar o caixa da empresa, será lançado na Demonstração de Fluxo de Caixa na conta Integralização de Capital. Esse é o destino dos recursos.

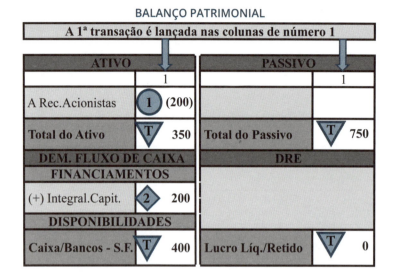

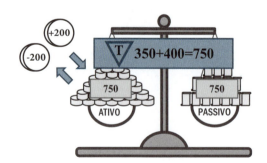

Guia Visual da Contabilidade

2) Venda por R$100 de mercadorias que valem R$50 sendo recebido à vista R$60 e R$40 no curto prazo. O valor dos impostos foi R$10, pago à vista.

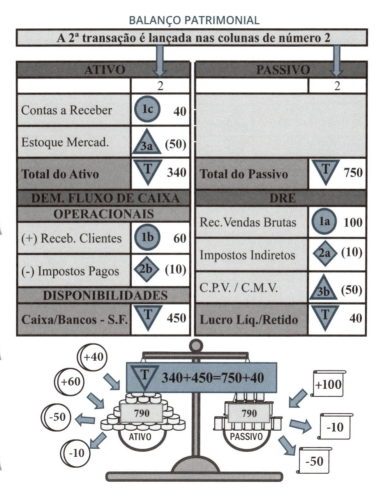

DEMONSTRAÇÃO DE FLUXO DE CAIXA

3) Compra de R$200 em produtos com R$150 para pagar a prazo e R$50 pago à vista.

Uma das origens dos recursos foi um aumento da dívida da empresa com os Fornecedores em R$150. Positivo pois aumentou o passivo da empresa.

Outra origem foi uma saída do Caixa da empresa, no valor de R$(50). Lançamento negativo em Pagamento de Fornecedores, pois diminui os ativos da empresa.

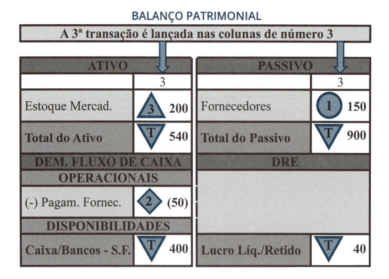

O destino dos recursos foi o Estoque de Matéria-Prima, que aumentou em R$200, positivo, pois os bens da empresa cresceram.

BALANÇO PATRIMONIAL

A 3ª transação é lançada nas colunas de número 3

ATIVO		3	PASSIVO		3
Estoque Mercad.	3	200	Fornecedores	1	150
Total do Ativo	T	540	Total do Passivo	T	900
DEM. FLUXO DE CAIXA			**DRE**		
OPERACIONAIS					
(-) Pagam. Fornec.	2	(50)			
DISPONIBILIDADES					
Caixa/Bancos - S.F.	T	400	Lucro Líq./Retido	T	40

Guia Visual da Contabilidade

4) Venda por R$200 de mercadorias que valem R$100 sendo recebido à vista R$120 e R$80 a receber no curto prazo. O valor dos impostos foi R$20, pagos à vista.

Essa transação é complexa.

Para resolvê-la, o melhor é dividi-la em três grupos de lançamentos.

A origem dos recursos são as Vendas Brutas, no valor de R$200. Esse lançamento é positivo porque aumenta o lucro da empresa. **1a**

Como parte da venda foi recebida à vista, o destino desse recurso é o Fluxo de Caixa na conta Recebimento de Clientes, com sinal positivo por aumentar o ativo. **1b**

A outra parte da venda vai ser recebida a prazo. O destino desse recurso é o Contas a Receber, com sinal positivo por aumentar o ativo. **1c**

As Vendas irão originar o Imposto sobre as Vendas lançadas no DRE "Impostos Indiretos". Seu sinal é negativo pois diminuirá o lucro da empresa. **2a**

Como os impostos foram quitados no ato da venda, o destino é a conta "Impostos Pagos". O sinal é negativo pois os recursos da empresa estão sendo reduzidos. **2b**

A origem dos recursos é a entrega das mercadorias para o cliente, diminuindo o Estoque de produtos acabados. O sinal é negativo. **3a**

A contrapartida é o CPV (Custo do Produto Vendido). É lançado o valor com sinal negativo, devido ao custo diminuir o lucro da empresa. **3b**

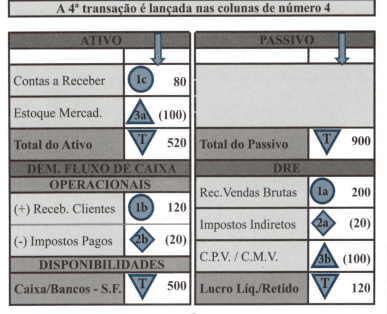

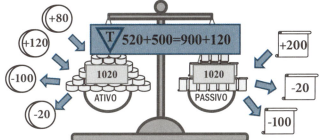

DEMONSTRAÇÃO DE FLUXO DE CAIXA

5) Reconhecimento das dívidas no valor de R$50 de salários, R$10 de eletricidade e R$20 de água.

A origem dos recursos foi o reconhecimento do Salário a Pagar aos funcionários. Como ainda não foi pago, é uma dívida e está no passivo. O sinal é positivo. ①

A origem é a dívida para com os fornecedores, que aumentou, porque a despesa foi reconhecida, mas não foi paga, lançamento positivo na conta "Fornecedores". ②

O destino dos lançamentos será na conta Despesas Administrativas do DRE, pois todos os gastos administrativos são considerados despesas. O sinal é negativo por diminuir o lucro. ③

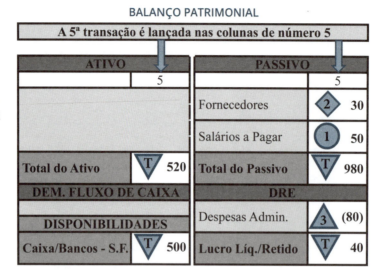

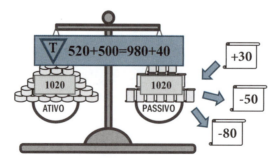

Guia Visual da Contabilidade

6) Pagamento de fornecedores em dinheiro no valor de R$140.

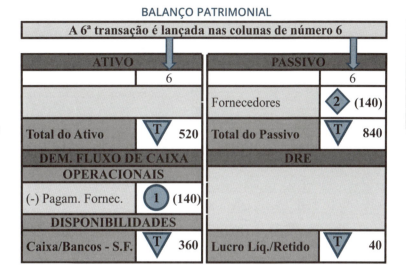

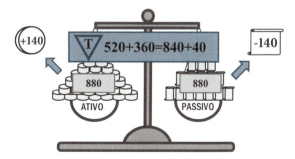

7) Pagamento das dívidas da transação 5, sendo salários R$50, eletricidade R$10 e água R$20.

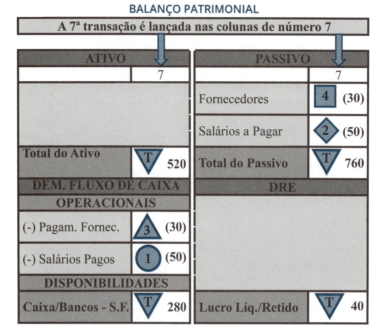

Pagar salários faz parte das atividades operacionais da empresa, A origem é a saída de R$(50) da conta Salários Pagos, com sinal negativo por diminuir o Ativo. **1**

O destino, ao pagar os salários, é diminuir a dívida da empresa para com esses. O lançamento será na conta Salários a Pagar, com sinal negativo. **2**

Pagar os fornecedores de água, eletricidade, etc. Faz parte do ciclo operacional da empresa. O valor sai através da conta "Pagamento de Fornecedores", negativo. **3**

A dívida com os fornecedores diminui com o pagamento, logo será feito um laçamento negativo na conta "Fornecedores". **4**

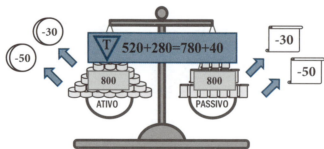

Guia Visual da Contabilidade

8) Compra de um veículo por R$200, sendo R$120 pago à vista e R$80 em longo prazo.

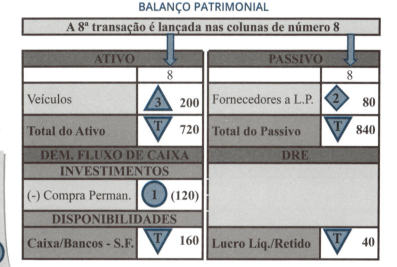

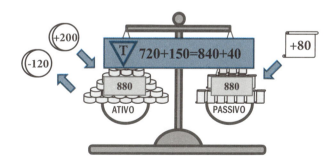

DEMONSTRAÇÃO DE FLUXO DE CAIXA

9) Pagamento de empréstimo no valor de R$100, com juros de R$8.

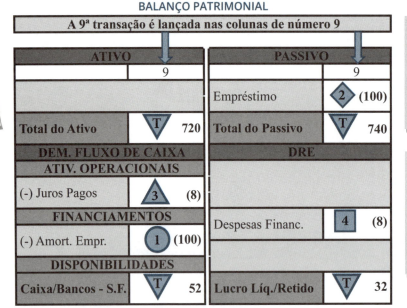

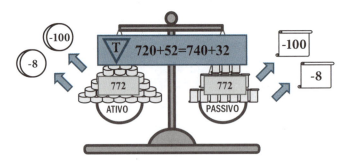

Lançamentos de Encerramento de Período.

RESPOSTA DO EXERCÍCIO

O Canvas preenchido é apresentado a seguir.

BALANÇO PATRIMONIAL (Valores em R$1.000,00)

ATIVO	S.I.	1	2	3	4	5	6	7	8	9	S.F.	PASSIVO	S.I.	1	2	3	4	5	6	7	8	9	S.F.
Ativo Circulante												**Passivo Circulante**											
Caixa	150										52	Fornecedores	50		150		30	(140)	(30)				60
Bancos	50											Impostos a Pagar											
Contas a Receber			40		80						120	Salários a Pagar					50		(50)				
A Rec.Acionistas	200	(200)										Empréstimo	100								(100)		
Estoque Mercad.	100		(50)	200	(100)						150	Aluguéis a Pagar											
Mat. Diversos												Juros a Pagar											
Total Ativo Circulante											322	**Total Passivo Circulante**											60
Ativo Não Circulante-Realizável												**Passivo Não Circulante-Exigível**											
Títulos a Rec.L.P.	50										50	Aluguéis a L.P.											
												Fornecedores L.P.									80		80
Total Realizável Não Circulante											50	**Total Exigível Não Circulante**											80
Ativo Não Circulante-Permanente												**Patrimônio Líquido**											
Instalações	50										50	Capital	600										600
Móveis/utensílios	100										100	Lucro/Prej.Acum											
Veículos	50							200			250	Reservas											
Deprec. Acum.												Lucro Líq./Retido											32
Total Permanente											400	**Total do Patrimônio Líquido**											632
Total do Ativo		**Esperado**		772		**Calculado**		772				**Total do Passivo**		**Esperado**		772		**Calculado**		772			

162 Guia Visual da Contabilidade

DEMONSTRAÇÃO DE FLUXO DE CAIXA

OPERACIONAIS	1	2	3	4	5	6	7	8	9	S.F.
(+) Receb. Clientes		60		120						180
(+) Outros										
(-) Pagam. Fornec.			(50)			140)	(30)			(220)
(-) Salários Pagos							(50)			(50)
(-) Impostos Pagos									(8)	(8)
(-) Outros			(10)		(20)					(30)
Disponibilidades Operacionais										**(128)**
INVESTIMENTOS	1	2	3	4	5	6	7	8	9	S.F.
(-) Rec.Venda Imob.										
(-) Compra Perman.								(120)		(120)
Disponib. Investimentos										**(120)**
FINANCIAMENTOS	1	2	3	4	5	6	7	8	9	S.F.
(+) Empréstimos										
(+) Integral. Capit.	200									200
(-) Amort. Empr.									(100)	(100)
Disponib. Financiamentos										**100**

AUMENTO LÍQUIDO NAS DISPONIBILIDADES			
Caixa/Bancos-Saldo Inicial		200		200
Total de Entradas	Esperado	380	Calculado	380
Total de Saídas		(528)		(528)
Caixa/Bancos-Saldo Final		52		52

DEMONSTRAÇÃO DE RESULTADOS DO EXERCÍCIO

DRE	1	2	3	4	5	6	7	8	9	S.F.
Rec.Vendas Brutas		100		200						300
Impostos Indir.		(10)		(20)						(30)
Rec.Vendas Líquidas										270
C.P.V. / C.M.V.		(50)		(100)						(150)
Lucro Bruto										120
Despesas Admin.				(80)						(80)
Despesas Vendas										
Lucro Antes Res.Fin.										40
Receitas Financ.										
Despesas Financ.									(8)	(8)
Lucro Antes do IR										32
Imposto Renda										
Dividendos										
Lucro Líquido/Retido	Esperado						32	Calculado		32

Exercício Passo a Passo II

Resolva o Exercício no Canvas Abaixo e no Fluxo de Caixa e D.R.E. da Página ao Lado

BALANÇO PATRIMONIAL (Valores em R$1.000,00)

ATIVO	S.I.	1	2	3	4	5	6	7	8	9	S.F.
Ativo Circulante											
Caixa											
Bancos											
Contas a Receber											
A Rec.Acionistas											
Estoque Mercad.											
Mat. Diversos											
Total Ativo Circulante											
Ativo Não Circulante-Realizável											
Títulos a Rec.L.P.											
Total Realizável Não Circulante											
Ativo Não Circulante-Permanente											
Instalações											
Móveis/utensílios											
Veículos											
Deprec. Acum.											
Total Permanente											
Total do Ativo		Esperado		259	Calculado						

PASSIVO	S.I.	1	2	3	4	5	6	7	8	9	S.F.
Passivo Circulante											
Fornecedores											
Impostos a Pagar											
Salários a Pagar											
Empréstimo											
Aluguéis a Pagar											
Juros a Pagar											
Total Passivo Circulante											
Passivo Não Circulante-Exigível											
Aluguéis a L.P.											
Empréstimos L.P.											
Total Exigível Não Circulante											
Patrimônio Líquido											
Capital											
Lucro/Prej.Acum											
Reservas											
Lucro Líq./Retido											
Patrimônio Líquido											
Total do Passivo		Esperado		259	Calculado						

> O Fluxo está do lado esquerdo para seguir a convenção de sinais

> O DRE está do lado direito para seguir a convenção de sinais.

DEMONSTRAÇÃO DE FLUXO DE CAIXA

OPERACIONAIS	1	2	3	4	5	6	7	8	9	S.F.
(+) Receb. Clientes										
(+) Outros										
(-) Pagam. Fornec.										
(-) Salários Pagos										
(-) Impostos Pagos										
(-) Outros										
Disponibilidades Operacionais										
INVESTIMENTOS	1	2	3	4	5	6	7	8	9	S.F.
(-) Rec.Venda Imob.										
(-) Compra Perman.										
Disponibilidades Investimentos										
FINANCIAMENTOS	1	2	3	4	5	6	7	8	9	S.F.
(+) Empréstimos										
(+) Integral. Capit.										
(-) Amort. Empr.										
Disponibilidades Financiamentos										

AUMENTO LÍQUIDO NAS DISPONIBILIDADES

Caixa/Bancos-Saldo Inicial	Esperado	48	Calculado
Total de Entradas		169	
Total de Saídas		(83)	
Caixa/Bancos-Saldo Final		134	

DEMONSTRAÇÃO DE RESULTADOS DO EXERCÍCIO

DRE	1	2	3	4	5	6	7	8	9	S.F.
Rec.Vendas Brutas										
Impostos Indir.										
Rec.Vendas Líquidas										
C.P.V. / C.M.V.										
Lucro Bruto										
Despesas Admin.										
Despesas Vendas										
Lucro Antes Res.Fin.										
Receitas Financ.										
Despesas Financ.										
Lucro Antes do IR										
Imposto Renda										
Dividendos										
Lucro Líquido/Retido	Esperado			13	Calculado					

DEMONSTRAÇÃO DE FLUXO DE CAIXA 165

Enunciado do Exercício

Uma empresa do ramo comercial apresentou os seguintes saldos das suas contas contábeis:

Caixa R$48; Capital R$100; Móveis/utensílios R$50; Estoque Mercadorias R$40; Fornecedores R$41; Salários a Pagar R$10; Contas a Receber R$33; Empréstimos em Curto Prazo R$20.

Os lançamentos contábeis do ano X3 foram:

1) Venda de mercadorias à vista por R$35 de mercadorias que custaram R$25. Os impostos foram de R$4.

2) Abertura de uma conta corrente no banco, por meio de um depósito em dinheiro, no valor de R$10.

3) Compra de veículo por R$22, com pagamento à vista.

4) Aquisição de mercadorias no valor de R$20, sendo pago R$10 à vista.

5) Venda por R$39 de mercadorias que valem R$24 sendo recebido à vista R$30 e R$9 no curto prazo. O imposto foi R$5.

6) Pagamento aos fornecedores no valor de R$25 em dinheiro referente a dívidas de compra de matéria-prima.

7) Pagamento de salários no valor de R$2, em cheque.

8) Integralização do capital no valor de R$80, depositado no banco.

9) A empresa efetua um empréstimo bancário de R$14, para pagar em longo prazo. Com esse valor paga outro empréstimo de curto prazo no valor de R$11 e R$3 de juros.

Com base nesses dados, lançar os saldos iniciais e as transações contábeis nos CANVAS das páginas anteriores.

SOLUÇÃO

Inicia-se o exercício transferindo-se os Saldos Iniciais do Balancete de Verificação para as colunas S.I. (Saldo Inicial) do Balanço Patrimonial.

BALANÇO PATRIMONIAL (Valores em R$1.000,00)

BALANCETE DE VERIFICAÇÃO

Caixa	48
Contas a Receber	33
Estoque Mercad.	40
Móveis/utensílios	50

ATIVO		S.I.	
Ativo Circulante			
Caixa		48	
Bancos			
Contas a Receber		33	
A Rec.Acionistas			
Estoque Mercad.		40	
Mat. Diversos			
Total Ativo Circulante		121	
Ativo Não Circulante-Realizável			
Títulos a Rec.L.P.			
Total Realizável Não Circ.			
Ativo Não Circulante-Permanente			
Instalações			
Móveis/Utensílios		50	
Veículos			
Deprec. Acum.			
Total Permanente		50	
Total do Ativo		171	

PASSIVO		S.I.	
Passivo Circulante			
Fornecedores		41	
Impostos a Pagar			
Salários a Pagar		10	
Empréstimo		20	
Aluguéis a Pagar			
Juros a Pagar			
Total Passivo Circulante		71	
Passivo Não Circulante-Exigível			
Aluguéis a L.P.			
Empréstimos L.P.			
Total Exigível Não Circ.			
Patrimônio Líquido			
Capital		100	
Lucro/Prej.Acum.			
Reservas			
Lucro Líq./Retido			
Patrimônio Líquido		100	
Total do Passivo		171	

BALANCETE DE VERIFICAÇÃO

Fornecedores	41
Salários a Pagar	10
Empréstimo	20
Empréstimo	100

> Serão apresentados, em todas as transações, os Totais do Ativo e do Passivo. Esses totais são a soma dos Saldos Iniciais e dos lançamentos nas contas. Não necessariamente o leitor precisa calculá-lo a cada passo, mas ele serve para mostrar que o balanço sempre está equilibrado. (!)

Para montar a Demonstração de Fluxo de Caixa, é necessário uma etapa inicial, para preparar a planilha.

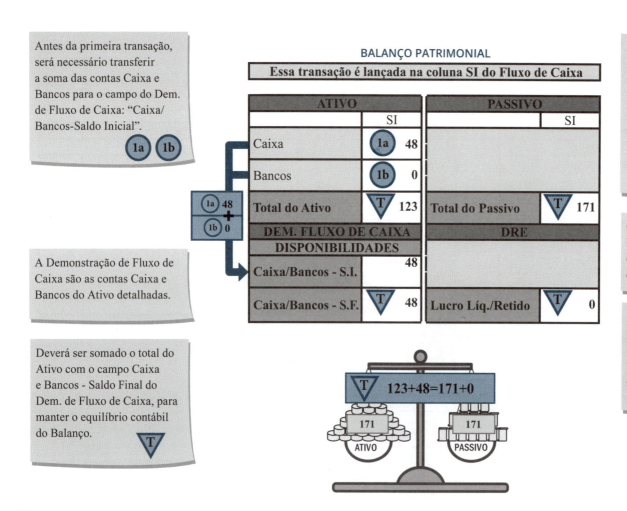

Após a transferência dos valores, o Balanço Patrimonial ficará com os seguintes Saldos.

BALANÇO PATRIMONIAL (Valores em R$1.000,00)

ATIVO	S.I.	S.F.	PASSIVO	S.I.	S.F.
Ativo Circulante			**Passivo Circulante**		
Caixa			Fornecedores	41	41
Bancos			Impostos a Pagar		
Contas a Receber	33	33	Salários a Pagar	10	10
A Rec. Acionistas			Empréstimo	20	20
Estoque Mercad.	40	40	Aluguéis a Pagar		
Mat. Diversos			Juros a Pagar		
Total Ativo Circulante		73	**Total Passivo Circulante**		71
Ativo Não Circulante-Realizável			**Passivo Não Circulante-Exigível**		
Títulos a Rec. L.P.			Aluguéis a L.P.		
			Empréstimos L.P.		
Total do Não Circulante			**Total do Não Circulante**		
Ativo Não Circulante-Permanente			**Patrimônio Líquido**		
Instalações			Capital	100	100
Móveis/utensílios	50	50	Lucro/Prej. Acum.		
Veículos			Reservas		
Deprec. Acum.			Lucro Líq./Retido		
Total Permanente		50	**Patrimônio Líquido**		100
Total do Ativo		123	**Total do Passivo**		171
DEM. FLUXO DE CAIXA			**DRE**		
....			....		
Caixa/Bancos-Saldo Inicial		48	....		
Caixa/Bancos-Saldo Final		48	Lucro Líquido/Retido		0

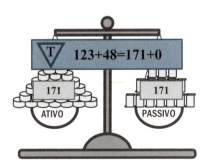

DEMONSTRAÇÃO DE FLUXO DE CAIXA

1) Venda de mercadorias à vista por R$35 de mercadorias que custaram R$25. Os impostos foram de R$4.

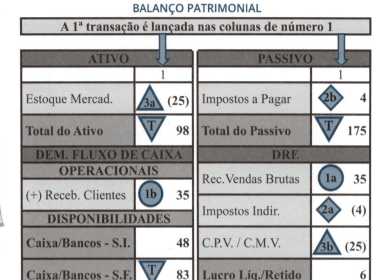

Essa transação é complexa.

Para resolvê-la o melhor é dividi-la em três grupos de lançamentos.

A origem dos recursos são as Vendas Brutas, no valor de R$35. Esse lançamento é positivo porque aumenta o lucro da empresa. **1a**

Como a venda foi recebida à vista, o destino desse recurso é o Fluxo de Caixa na conta Recebimento de Clientes, com sinal positivo por aumentar o ativo. **1b**

As Vendas irão originar o Imposto sobre as Vendas lançadas no DRE "Impostos Indiretos". Seu sinal é negativo pois diminuirá o lucro da empresa. **2a**

Como os impostos foram quitados no ato da venda, o destino é a conta "Impostos Pagos". O sinal é negativo pois os recursos da empresa estão sendo reduzidos. **2b**

A origem dos recursos é a empresa entregar as mercadorias para o cliente, diminuindo o seu Estoque de Produtos Acabados. O sinal é negativo. **3a**

A contrapartida é o CPV (Custo do Produto Vendido). É lançado o valor com sinal negativo, pelo custo diminuir o lucro da empresa. **3b**

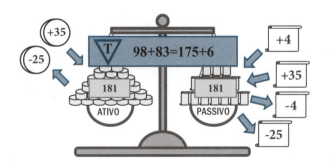

170   Guia Visual da Contabilidade

2) Abertura de uma conta corrente no banco, por meio de um depósito em dinheiro, no valor de R$10.

Esta transação não afeta o caixa da empresa. O dinheiro sai e entra. No entanto, deve ser indicado no Dem. Fluxo de Caixa. Esse lançamento faz parte do ciclo operacional.

A origem é a saída de dinheiro do "Caixa" da empresa de "Atividades Operacionais". Por sair dinheiro e diminuir o ativo da empresa, o sinal é negativo.

O destino do recurso é o Banco. Este lançamento será aplicado em outros, por não ter uma conta específica para ele. Por aumentar o ativo da empresa, o sinal é positivo.

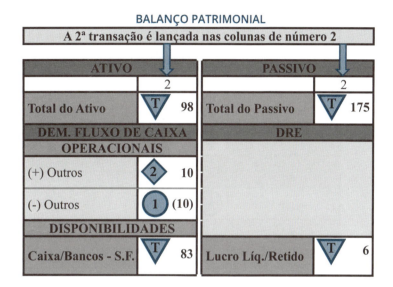

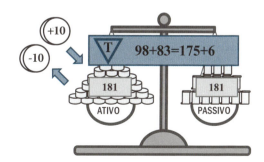

DEMONSTRAÇÃO DE FLUXO DE CAIXA 171

3) Compra de veículo por R$22, com pagamento à vista.

A origem dos recursos foi o valor pago à vista, que saiu do Fluxo de Caixa na conta Compra de Permanente. O lançamento é negativo por diminuir o Caixa. ①

O destino dos recursos foi a compra do veículo, que irá aumentar o ativo permanente da empresa. O valor será lançado na conta Veículos, com sinal positivo. ②

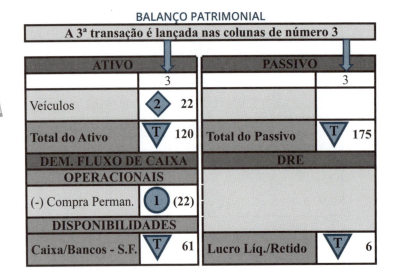

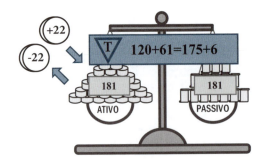

Guia Visual da Contabilidade

4) Aquisição de mercadorias no valor de R$20, sendo pago R$10 à vista.

Uma das origens foi uma saída do Caixa da empresa, no valor de R$(10). Lançamento negativo em Pagamento de Fornecedores, pois diminui os ativos da empresa. ①

Outra origem dos recursos foi um aumento da dívida da empresa com os Fornecedores em R$10. Positivo pois aumentou o passivo da empresa. ②

O destino dos recursos foi o Estoque de Matéria-Prima, que aumentou em R$20, positivo, pois cresceu os bens da empresa. ③

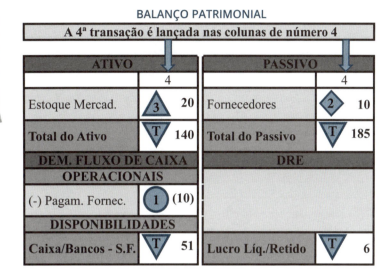

BALANÇO PATRIMONIAL

A 4ª transação é lançada nas colunas de número 4

ATIVO		4	PASSIVO		4
Estoque Mercad.	③	20	Fornecedores	②	10
Total do Ativo	T	140	Total do Passivo	T	185
DEM. FLUXO DE CAIXA			DRE		
OPERACIONAIS					
(-) Pagam. Fornec.	①	(10)			
DISPONIBILIDADES					
Caixa/Bancos - S.F.	T	51	Lucro Líq./Retido	T	6

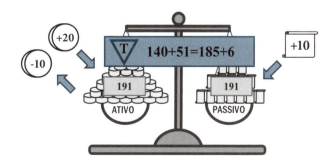

140+51=185+6

191 ATIVO = 191 PASSIVO

DEMONSTRAÇÃO DE FLUXO DE CAIXA 173

5) Venda por R$39 de mercadorias que valem R$24 sendo recebido à vista R$30 e R$9 no curto prazo. O imposto foi R$5.

Essa transação é complexa.

Para resolvê-la, o melhor é dividi-la em três grupos de lançamentos.

A origem dos recursos são as Vendas Brutas, no valor de R$39. Esse lançamento é positivo porque aumenta o lucro da empresa. **1a**

Como parte da venda foi recebida à vista, o destino desse recurso é o Fluxo de Caixa na conta Recebimento de Clientes, com sinal positivo por aumentar o ativo. **1b**

A outra parte da venda vai ser recebida a prazo. O destino desse recurso é o Contas a Receber, com sinal positivo por aumentar o ativo. **1c**

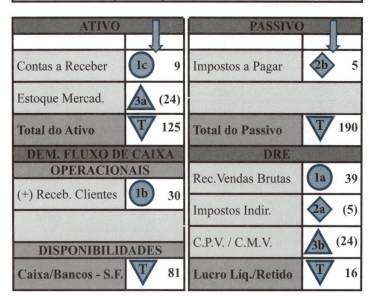

As Vendas irão originar o Imposto sobre as Vendas lançadas no DRE "Impostos Indiretos". Seu sinal é negativo pois diminuirá o lucro da empresa. **2a**

Como os impostos ainda não foram pagos, aumentou-se a dívida da empresa. Será lançado na conta "Impostos a Pagar". O sinal é positivo por aumentar a dívida. **2b**

A origem dos recursos é a empresa entregar as mercadorias para o cliente, diminuindo o seu Estoque de Produtos Acabados. O sinal é negativo. **3a**

A contrapartida é o CPV (Custo do Produto Vendido). É lançado o valor com sinal negativo, pelo custo diminuir o lucro da empresa. **3b**

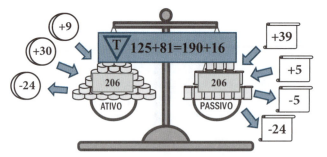

174 Guia Visual da Contabilidade

6) Pagamento aos fornecedores no valor de R$25 em dinheiro referente a dívidas de compra de matéria-prima.

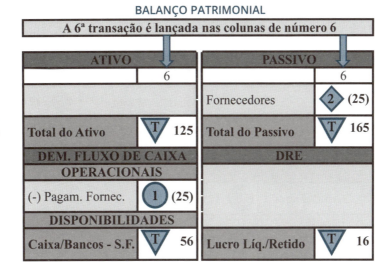

A origem foram os recursos no Caixa, utilizados para pagar os fornecedores. O valor será subtraído da conta Pagamento de Fornecedores do Fluxo de Caixa. ①

O destino foi o pagamento de parte da dívida para os fornecedores, que diminuiu. Será lançado R$(25) negativo. ②

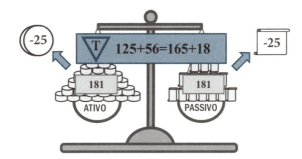

DEMONSTRAÇÃO DE FLUXO DE CAIXA

7) Pagamento de salários no valor de R$2, em cheque.

Pagar Salários faz parte das atividades operacionais da empresa. A origem é a saída de R$(2) da conta Salários Pagos, com sinal negativo por diminuir o Ativo. ①

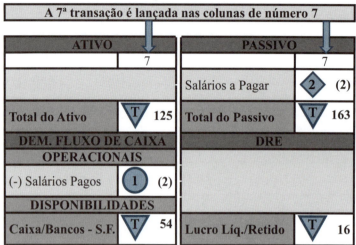

O destino, ao pagar os salários, é diminuir a dívida da empresa para com esses. O lançamento será na conta Salários a Pagar, com sinal negativo. ②

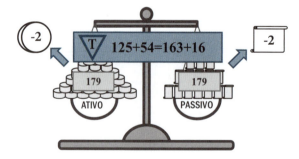

Guia Visual da Contabilidade

8) Integralização do capital no valor de R$80, depositado no banco.

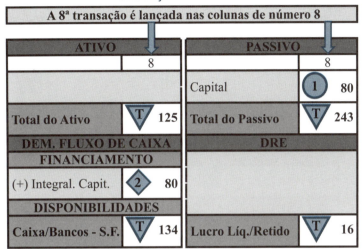

A origem dos recursos foi o aumento de Capital. Com isso a empresa passou a dever esse valor para os acionistas. O lançamento é positivo por causa do aumento da dívida. ①

O destino dos recursos foi a conta Integralização de Capital do grupo Atividades de Financiamento. O Laçamento é positivo pois aumentou o caixa em R$80. ②

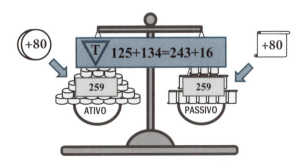

9) A empresa efetua um empréstimo bancário de R$14, para pagar em longo prazo. Com esse valor paga outro empréstimo de curto prazo no valor de R$11 e R$3 de juros.

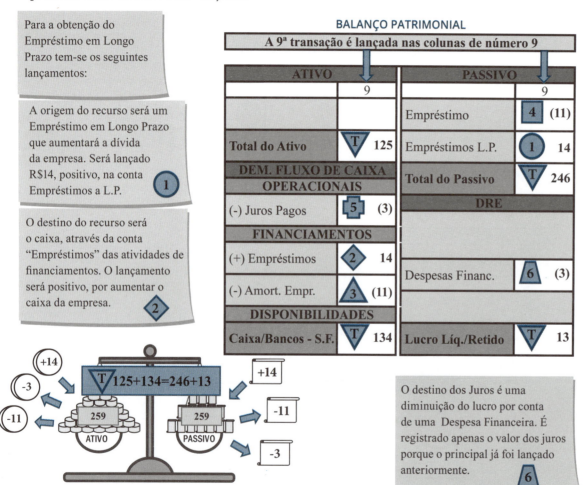

10) Lançamentos de Encerramento de Período.

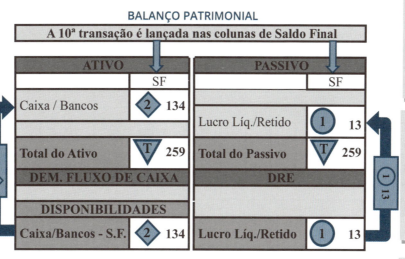

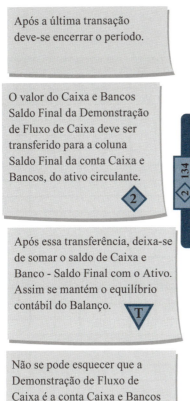

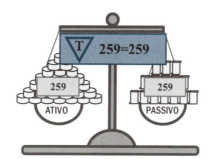

Após a última transação deve-se encerrar o período.

O valor do Caixa e Bancos Saldo Final da Demonstração de Fluxo de Caixa deve ser transferido para a coluna Saldo Final da conta Caixa e Bancos, do ativo circulante.

Após essa transferência, deixa-se de somar o saldo de Caixa e Banco - Saldo Final com o Ativo. Assim se mantém o equilíbrio contábil do Balanço.

Não se pode esquecer que a Demonstração de Fluxo de Caixa é a conta Caixa e Bancos detalhada.
A demonstração apenas organiza essas contas.

O valor apurado no Lucro Líquido/Retido do DRE deverá ser transferido para o Lucro Líquido/Retido do Passivo. Essa conta pertence ao Grupo "Patrimônio Líquido".

Calcula-se o valor final da conta de Lucro Liq./Retido do DRE.
Transfere-se esse valor para a conta de Lucro Líquido/Retido do Passivo (Patrimônio Líquido).

Após essa transferência, deixa-se de somar o DRE com o Passivo. Assim se mantém o equilíbrio contábil do Balanço.

Não se pode esquecer que o DRE é na realidade a conta de Lucro Líquido/Retido do Passivo, detalhado.
O DRE apenas organiza esta conta.

DEMONSTRAÇÃO DE FLUXO DE CAIXA 179

RESPOSTA DO EXERCÍCIO

O Canvas preenchido é apresentado a seguir.

BALANÇO PATRIMONIAL (Valores em R$1.000,00)

ATIVO	S.I.	1	2	3	4	5	6	7	8	9	S.F.
Ativo Circulante											
Caixa	48										
Bancos											
Contas a Receber	33					9					42
A Rec.Acionistas											
Estoque Mercad.	40	(25)				20	(24)				11
Mat. Diversos											
Total Ativo Circulante											
Ativo Não Circulante-Realizável											
Títulos a Rec.L.P.											
Total Realizável Não Circulante											
Ativo Não Circulante-Permanente											
Instalações											
Móveis/utensílios	50										50
Veículos				22							22
Deprec. Acum.											
Total Permanente											72
Total do Ativo		**Esperado**		259		**Calculado**					259

PASSIVO	S.I.	1	2	3	4	5	6	7	8	9	S.F.
Passivo Circulante											
Fornecedores	41				10		(25)				26
Impostos a Pagar		4				5					9
Salários a Pagar	10							(2)			8
Empréstimo	20									(11)	9
Aluguéis a Pagar											
Juros a Pagar											
Total Passivo Circulante											52
Passivo Não Circulante-Exigível											
Aluguéis a L.P.											
Empréstimos L.P.										14	14
Total Exigível Não Circulante											14
Patrimônio Líquido											
Capital	100								80		180
Lucro/Prej.Acum											
Reservas											
Lucro Líq./Retido											13
Total do Patrimônio Líquido											193
Total do Passivo		**Esperado**		259		**Calculado**					259

Guia Visual da Contabilidade

DEMONSTRAÇÃO DE FLUXO DE CAIXA

OPERACIONAIS	1	2	3	4	5	6	7	8	9	S.F.
(+) Receb. Clientes	35				30					**65**
(+) Outros		10								**10**
(-) Pagam. Fornec.				(10)		(25)				**(35)**
(-) Salários Pagos							(2)			**(2)**
(-) Juros Pagos									(3)	**(3)**
(-) Outros		(10)								**(10)**
Disponibilidades Operacionais										**25**
INVESTIMENTOS	1	2	3	4	5	6	7	8	9	S.F.
(-) Rec.Venda Imob.										
(-) Compra Perman.			(22)							**(22)**
Disponibilidades Investimentos										**(22)**
FINANCIAMENTOS	1	2	3	4	5	6	7	8	9	S.F.
(+) Empréstimos									14	**14**
(+) Integral. Capit.								80		**80**
(-) Amort. Empr.									(11)	**(11)**
Disponibilidades Financiamentos										**83**

AUMENTO LÍQUIDO NAS DISPONIBILIDADES				
Caixa/Bancos-Saldo Inicial	Esperado	**48**	Calculado	**48**
Total de Entradas		**169**		**169**
Total de Saídas		**(83)**		**(83)**
Caixa/Bancos-Saldo Final		**134**		**134**

DEMONSTRAÇÃO DE RESULTADOS DO EXERCÍCIO

DRE	1	2	3	4	5	6	7	8	9	S.F.
Rec.Vendas Brutas	35				39					**74**
Impostos Indir.	(4)				(5)					**(9)**
Rec.Vendas Líquidas										**65**
C.P.V. / C.M.V.	(25)				(24)					**(49)**
Lucro Bruto										**16**
Despesas Admin.										
Despesas Vendas										
Lucro Antes Res.Fin.										**16**
Receitas Financ.										
Despesas Financ.									(3)	**(3)**
Lucro Antes do IR										**13**
Imposto Renda										
Dividendos										
Lucro Líquido/Retido	Esperado				**13**		Calculado			**13**

Exercício Proposto I

Resolva o Exercício no Canvas Abaixo e no Fluxo de Caixa e D.R.E. da Página ao Lado

BALANÇO PATRIMONIAL (Valores em R$1.000,00)

ATIVO	S.I.	1	2	3	4	5	6	7	8	9	S.F.	PASSIVO	S.I.	1	2	3	4	5	6	7	8	9	S.F.
Ativo Circulante												**Passivo Circulante**											
Caixa												Fornecedores											
Bancos												Impostos a Pagar											
Contas a Receber												Salários a Pagar											
A Rec.Acionistas												Empréstimo											
Estoque Mercad.												Aluguéis a Pagar											
Mat. Diversos												Juros a Pagar											
Total Ativo Circulante												**Total Passivo Circulante**											
Ativo Não Circulante-Realizável												**Passivo Não Circulante-Exigível**											
Títulos a Rec.L.P.												Aluguéis a L.P.											
												Fornecedores L.P.											
Total Realizável Não Circulante												**Total Exigível Não Circulante**											
Ativo Não Circulante-Permanente												**Patrimônio Líquido**											
Instalações												Capital											
Móveis/utensílios												Lucro/Prej.Acum											
Veículos												Reservas											
Deprec. Acum.												Lucro Líq./Retido											
Total Permanente												**Patrimônio Líquido**											
Total do Ativo	Esperado			232		Calculado						**Total do Passivo**	Esperado			232		Calculado					

Guia Visual da Contabilidade

| O Fluxo está do lado esquerdo para seguir a convenção de sinais | O DRE está do lado direito para seguir a convenção de sinais. |

DEMONSTRAÇÃO DE FLUXO DE CAIXA

OPERACIONAIS	1	2	3	4	5	6	7	8	9	S.F.
(+) Receb. Clientes										
(+) Outros										
(-) Pagam. Fornec.										
(-) Salários Pagos										
(-) Impostos Pagos										
(-) Outros										
Disponibilidades Operacionais										
INVESTIMENTOS	1	2	3	4	5	6	7	8	9	S.F.
(-) Rec.Venda Imob.										
(-) Compra Perman.										
Disponibilidades Investimentos										
FINANCIAMENTOS	1	2	3	4	5	6	7	8	9	S.F.
(+) Empréstimos										
(+) Integral. Capit.										
(-) Amort. Empr.										
Disponibilidades Financiamentos										

AUMENTO LÍQUIDO NAS DISPONIBILIDADES			
Caixa/Bancos-Saldo Inicial	Esperado	0	Calculado
Total de Entradas		260	
Total de Saídas		(170)	
Caixa/Bancos-Saldo Final		90	

DEMONSTRAÇÃO DE RESULTADOS DO EXERCÍCIO

DRE	1	2	3	4	5	6	7	8	9	S.F.
Rec.Vendas Brutas										
Impostos Indir.										
Rec.Vendas Líquidas										
C.P.V. / C.M.V.										
Lucro Bruto										
Despesas Admin.										
Despesas Vendas										
Lucro Antes Res.Fin.										
Receitas Financ.										
Despesas Financ.										
Lucro Antes do IR										
Imposto Renda										
Dividendos										
Lucro Líquido/Retido	Esperado			(18)		Calculado				

Exercício Proposto I - Enunciado

A empresa Comercial X começou suas atividades em X0. No transcorrer do ano apresentou as seguintes transações:

1) Aumento de capital com integralização de R$240, sendo R$60 em Móveis/Utensílios e o restante em depósito em conta corrente.

2) Compra de mercadorias por R$100 sendo pago R$60 à vista e R$40 a prazo.

3) Compra à vista de veículos no valor de R$20.

4) Pagamento de despesas diversas R$20.

5) Pagamento de despesas de energia elétrica R$30.

6) Vendas efetuadas no valor de R$100 para mercadorias que valem R$50 sendo recebido à vista R$50 e R$50 a prazo. O valor dos impostos é de R$10, para pagar em 20 dias.

7) Recebimento de clientes no valor de R$30.

8) Pagamento efetuado a fornecedores no valor de R$40.

9) Depreciação das máquinas do escritório R$8.

Com base nesses dados, lance os saldos iniciais e as transações contábeis nos CANVAS das páginas anteriores.

Exercício Proposto II - Enunciado

Uma empresa do ramo comercial apresentou os seguintes saldos finais das contas de X6:

Caixa R$50; Capital R$200; Móveis R$100; Estoque de Mercadorias R$100; Salários R$20; Impostos R$40; Contas a Receber R$10.

Os Lançamentos contábeis ocorridos no transcorrer de X7:

1) Pagamento da dívida de impostos no valor de R$40.

2) Recebimento de clientes no valor de R$10.

3) Compra de veículos por R$30 com pagamento de R$10 à vista e R$20 a prazo.

4) Aquisição de mercadorias no valor de R$150 com pagamento a prazo.

5) Venda de Mercadorias por R$300, sendo R$100 recebido à vista e R$200 a prazo. O custo foi de R$200 e o imposto é de R$30 para pagar em 10 dias.

6) Pagamento de fornecedores no valor de R$80.

7) Venda de Mercadorias por R$100 com recebimento à vista. O custo foi de R$50 e o imposto de R$10, pago à vista.

8) A empresa tomou empréstimo de curto prazo no valor de R$100.

9) Os salários devidos, no valor de R$20, foram pagos.

Com base nesses dados lançar os saldos iniciais e as transações contábeis nos CANVAS das páginas posteriores.

EXERCÍCIO PROPOSTO II

Resolva o Exercício no Canvas Abaixo e no Fluxo de Caixa e D.R.E. da Página ao Lado

BALANÇO PATRIMONIAL (Valores em R$1.000,00)

ATIVO	S.I.	1	2	3	4	5	6	7	8	9	S.F.
Ativo Circulante											
Caixa											
Bancos											
Contas a Receber											
A Rec.Acionistas											
Estoque Mercad.											
Mat. Diversos											
Total Ativo Circulante											
Ativo Não Circulante-Realizável											
Títulos a Rec.L.P.											
Total Realizável Não Circulante											
Ativo Não Circulante-Permanente											
Instalações											
Móveis/utensílios											
Veículos											
Deprec. Acum.											
Total Permanente											
Total do Ativo		Esperado		530		Calculado					

PASSIVO	S.I.	1	2	3	4	5	6	7	8	9	S.F.
Passivo Circulante											
Fornecedores											
Impostos a Pagar											
Salários a Pagar											
Empréstimo											
Aluguéis a Pagar											
Juros a Pagar											
Total Passivo Circulante											
Passivo Não Circulante-Exigível											
Aluguéis a L.P.											
Fornecedores L.P.											
Total Exigível Não Circulante											
Patrimônio Líquido											
Capital											
Lucro/Prej.Acum											
Reservas											
Lucro Líq./Retido											
Patrimônio Líquido											
Total do Passivo		Esperado		530		Calculado					

O Fluxo está do lado esquerdo para seguir a convenção de sinais	O DRE está do lado direito para seguir a convenção de sinais.

DEMONSTRAÇÃO DE FLUXO DE CAIXA

OPERACIONAIS	1	2	3	4	5	6	7	8	9	S.F.
(+) Receb. Clientes										
(+) Outros										
(-) Pagam. Fornec.										
(-) Salários Pagos										
(-) Impostos Pagos										
(-) Outros										
Disponibilidades Operacionais										
INVESTIMENTOS	1	2	3	4	5	6	7	8	9	S.F.
(-) Rec.Venda Imob.										
(-) Compra Perman.										
Disponibilidades Investimentos										
FINANCIAMENTOS	1	2	3	4	5	6	7	8	9	S.F.
(+) Empréstimos										
(+) Integral. Capit.										
(-) Amort. Empr.										
Disponibilidades Financiamentos										
AUMENTO LÍQUIDO NAS DISPONIBILIDADES										

Caixa/Bancos-Saldo Inicial		50		
Total de Entradas	Esperado	310	Calculado	
Total de Saídas		(160)		
Caixa/Bancos-Saldo Final		200		

DEMONSTRAÇÃO DE RESULTADOS DO EXERCÍCIO

DRE	1	2	3	4	5	6	7	8	9	S.F.
Rec.Vendas Brutas										
Impostos Indir.										
Rec.Vendas Líquidas										
C.P.V. / C.M.V.										
Lucro Bruto										
Despesas Admin.										
Despesas Vendas										
Lucro Antes Res.Fin.										
Receitas Financ.										
Despesas Financ.										
Lucro Antes do IR										
Imposto Renda										
Dividendos										
Lucro Líquido/Retido	Esperado			110		Calculado				

DEMONSTRAÇÃO DE FLUXO DE CAIXA

EXERCÍCIO PROPOSTO III

Resolva o Exercício no Canvas Abaixo e no Fluxo de Caixa e D.R.E. da Página ao Lado

BALANÇO PATRIMONIAL (Valores em R$1.000,00)

ATIVO	S.I.	1	2	3	4	5	6	7	8	9	S.F.
Ativo Circulante											
Caixa											
Bancos											
Contas a Receber											
A Rec.Acionistas											
Estoque Mercad.											
Mat. Diversos											
Total Ativo Circulante											
Ativo Não Circulante-Realizável											
Títulos a Rec.L.P.											
Total Realizável Não Circulante											
Ativo Não Circulante-Permanente											
Instalações											
Móveis/utensílios											
Veículos											
Deprec. Acum.											
Total Permanente											
Total do Ativo		**Esperado**		890	**Calculado**						

PASSIVO	S.I.	1	2	3	4	5	6	7	8	9	S.F.
Passivo Circulante											
Fornecedores											
Impostos a Pagar											
Salários a Pagar											
Empréstimo											
Aluguéis a Pagar											
Juros a Pagar											
Total Passivo Circulante											
Passivo Não Circulante-Exigível											
Aluguéis a L.P.											
Fornecedores L.P.											
Total Exigível Não Circulante											
Patrimônio Líquido											
Capital											
Lucro/Prej.Acum											
Reservas											
Lucro Líq./Retido											
Patrimônio Líquido											
Total do Passivo		**Esperado**		890	**Calculado**						

Guia Visual da Contabilidade

	O Fluxo está do lado esquerdo para seguir a convenção de sinais	O DRE está do lado direito para seguir a convenção de sinais.

DEMONSTRAÇÃO DE FLUXO DE CAIXA

OPERACIONAIS	1	2	3	4	5	6	7	8	9	S.F.
(+) Receb. Clientes										
(+) Outros										
(-) Pagam. Fornec.										
(-) Salários Pagos										
(-) Impostos Pagos										
(-) Outros										
Disponibilidades Operacionais										
INVESTIMENTOS	1	2	3	4	5	6	7	8	9	S.F.
(-) Rec.Venda Imob.										
(-) Compra Perman.										
Disponibilidades Investimentos										
FINANCIAMENTOS	1	2	3	4	5	6	7	8	9	S.F.
(+) Empréstimos										
(+) Integral. Capit.										
(-) Amort. Empr.										
Disponibilidades Financiamentos										

AUMENTO LÍQUIDO NAS DISPONIBILIDADES			
Caixa/Bancos-Saldo Inicial	Esperado	200	Calculado
Total de Entradas		530	
Total de Saídas		(240)	
Caixa/Bancos-Saldo Final		490	

DEMONSTRAÇÃO DE RESULTADOS DO EXERCÍCIO

DRE	1	2	3	4	5	6	7	8	9	S.F.
Rec.Vendas Brutas										
Impostos Indir.										
Rec.Vendas Líquidas										
C.P.V. / C.M.V.										
Lucro Bruto										
Despesas Admin.										
Despesas Vendas										
Lucro Antes Res.Fin.										
Receitas Financ.										
Despesas Financ.										
Lucro Antes do IR										
Imposto Renda										
Dividendos										
Lucro Líquido/Retido	Esperado				104		Calculado			

Exercício Proposto III - Enunciado

Uma empresa comercial apresentou os seguintes saldos iniciais de suas contas:

Caixa R$200 ; A Receber de Acionistas R$200; Capital R$600 ; Empréstimo R$100; Estoque de matéria-prima R$100; Fornecedores R$50; Imóveis R$100; Instalações R$50; Contas a Receber L.P. R$50; Veículos R$50.

Os lançamentos contábeis do ano foram:

1) Vendas no valor de R$200 de mercadorias que custaram R$100, sendo que R$120 foi recebido à vista e o restante a prazo. Os impostos de R$20 vão ser pagos em 15 dias.

2) Pagamento de um empréstimo no valor de R$100 e os seus juros no valor de R$20.

3) Compra de Produtos no valor de R$200, sendo que R$150 vai ser pago a prazo e R$50 à vista.

4) Recebimento de R$50 dos clientes.

5) Os acionistas integralizaram (pagaram as ações que tinham comprado) R$200 do valor que estavam devendo.

6) Vendas de mercadorias no valor de R$160 sendo que o valor total foi recebido à vista. Estas custaram R$80. Os impostos foram de R$16 para pagar em 10 dias.

7) Pagamento de R$50 do que se estava devendo para os fornecedores.

8) Reconhecimento da dívida dos salários dos funcionários da empresa no valor de R$20.

9) Pagamento da totalidade dos salários devidos aos funcionários.

Com base nesses dados, lance os saldos iniciais e as transações contábeis nos CANVAS das páginas anteriores.

Exercício Proposto IV - Enunciado

A Cia ABC é uma indústria e apresentou as seguintes demonstrações em 31/12/X6:

BALANCETE DE VERIFICAÇÃO

Capital Social	300
Imóveis em Uso	200
Bancos c/ Movimento	100
Títulos a Receb. (2,5 anos)	70
Instalações	50
Particip. em Outras Cias.	80
Veículos	30
Fornecedores	40
Empr. Bancár. (1,5 ano)	50
Imp. Renda a Pagar	30
Salários a Pagar	10
Lucros Acumulados	60
Lucros do Período Anterior	40

Os lançamentos contábeis do ano de X3 foram:

1) Compra de matéria-prima no valor de R$400, sendo que R$50 foi pago à vista e o restante a prazo.

2) Os operários usam R$350 do estoque de matéria-prima para a produção.

3) A empresa reconhece que deve os salários no valor de R$120 da fábrica e R$80 do escritório.

4) Empréstimo bancário de R$80 para pagamento em curto prazo.

5) Pagamento do Aluguel sendo que R$40 refere-se à fábrica e R$20 o escritório.

6) A empresa reconhece as dívidas de contas de água, eletricidade e gás, sendo que R$20 refere-se à fábrica e R$10 ao escritório.

7) Vendas de mercadorias que custaram R$300 por R$600, sendo que R$400 foi recebido à vista e o restante a prazo. Os impostos foram de R$60, pago a vista.

8) Pagamento dos salários devidos no valor de R$210.

9) Pagamento das contas de água, eletricidade e gás no valor de R$30.

Com base nesses dados lançar os saldos iniciais e as transações contábeis nos CANVAS das páginas posteriores

EXERCÍCIO PROPOSTO IV

Resolva o Exercício no Canvas Abaixo e no Fluxo de Caixa e D.R.E. da Página ao Lado

BALANÇO PATRIMONIAL (Valores em R$1.000,00)

ATIVO												PASSIVO											
	S.I.	1	2	3	4	5	6	7	8	9	S.F.		S.I.	1	2	3	4	5	6	7	8	9	S.F.
Ativo Circulante												**Passivo Circulante**											
Caixa												Fornecedores											
Bancos												Impostos a Pagar											
Contas a Receber												Salários a Pagar											
A Rec.Acionistas												Empréstimo											
Estoque Pr.Acab.												Aluguéis a Pagar											
Estoque Mt.Prima												Juros a Pagar											
Total Ativo Circulante												**Total Passivo Circulante**											
Ativo Não Circulante-Realizável												**Passivo Não Circulante-Exigível**											
Títulos a Rec.L.P.												Aluguéis a L.P.											
												Fornecedores L.P.											
Total Realizável Não Circulante												**Total Exigível Não Circulante**											
Ativo Não Circulante-Permanente												**Patrimônio Líquido**											
Instalações												Capital											
Móveis/utensílios												Lucro/Prej.Acum											
Veículos												Reservas											
Deprec. Acum.												Lucro Líq./Retido											
Total Permanente												**Patrimônio Líquido**											
Total do Ativo		Esperado		1.080		Calculado						**Total do Passivo**		Esperado		1.080		Calculado					

Guia Visual da Contabilidade

> O Fluxo está do lado esquerdo para seguir a convenção de sinais

> O DRE está do lado direito para seguir a convenção de sinais.

DEMONSTRAÇÃO DE FLUXO DE CAIXA

OPERACIONAIS	1	2	3	4	5	6	7	8	9	S.F.
(+) Receb. Clientes										
(+) Outros										
(-) Pagam. Fornec.										
(-) Salários Pagos										
(-) Impostos Pagos										
(-) Outros										
Disponibilidades Operacionais										
INVESTIMENTOS	1	2	3	4	5	6	7	8	9	S.F.
(-) Rec.Venda Imob.										
(-) Compra Perman.										
Disponibilidades Investimentos										
FINANCIAMENTOS	1	2	3	4	5	6	7	8	9	S.F.
(+) Empréstimos										
(+) Integral. Capit.										
(-) Amort. Empr.										
Disponibilidades Financiamentos										
AUMENTO LÍQUIDO NAS DISPONIBILIDADES										
Caixa/Bancos-Saldo Inicial				100						
Total de Entradas		Esperado		480		Calculado				
Total de Saídas				(410)						
Caixa/Bancos-Saldo Final				170						

DEMONSTRAÇÃO DE RESULTADOS DO EXERCÍCIO

DRE	1	2	3	4	5	6	7	8	9	S.F.
Rec.Vendas Brutas										
Impostos Indir.										
Rec.Vendas Líquidas										
C.P.V. / C.M.V.										
Lucro Bruto										
Despesas Admin.										
Despesas Vendas										
Lucro Antes Res.Fin.										
Receitas Financ.										
Despesas Financ.										
Lucro Antes do IR										
Imposto Renda										
Dividendos										
Lucro Líquido/Retido		Esperado			130		Calculado			

DEMONSTRAÇÃO DE FLUXO DE CAIXA

EXERCÍCIO PROPOSTO V

Resolva o Exercício no Canvas Abaixo e no Fluxo de Caixa e D.R.E. da Página ao Lado

BALANÇO PATRIMONIAL (Valores em R$1.000,00)

ATIVO	S.I.	1	2	3	4	5	6	7	8	9	S.F.
Ativo Circulante											
Caixa											
Bancos											
Contas a Receber											
A Rec.Acionistas											
Estoque Pr.Acab.											
Estoque Mt.Prima											
Total Ativo Circulante											
Ativo Não Circulante-Realizável											
Títulos a Rec.L.P.											
Total Realizável Não Circulante											
Ativo Não Circulante-Permanente											
Instalações											
Móveis/utensílios											
Veículos											
Participações											
Total Permanente											
Total do Ativo	**Esperado**		1.680		**Calculado**						

PASSIVO	S.I.	1	2	3	4	5	6	7	8	9	S.F.
Passivo Circulante											
Fornecedores											
Impostos a Pagar											
Salários a Pagar											
Empréstimo											
Aluguéis a Pagar											
Dividendos Pagar											
Total Passivo Circulante											
Passivo Não Circulante-Exigível											
Aluguéis a L.P.											
Fornecedores L.P.											
Total Exigível Não Circulante											
Patrimônio Líquido											
Capital											
Lucro/Prej.Acum											
Reservas											
Lucro Líq./Retido											
Patrimônio Líquido											
Total do Passivo	**Esperado**		1.680		**Calculado**						

Guia Visual da Contabilidade

	O Fluxo está do lado esquerdo para seguir a convenção de sinais		O DRE está do lado direito para seguir a convenção de sinais.

DEMONSTRAÇÃO DE FLUXO DE CAIXA

OPERACIONAIS	1	2	3	4	5	6	7	8	9	S.F.
(+) Receb. Clientes										
(+) Outros										
(-) Pagam. Fornec.										
(-) Salários Pagos										
(-) Impostos Pagos										
(-) Outros										
Disponibilidades Operacionais										
INVESTIMENTOS	1	2	3	4	5	6	7	8	9	S.F.
(-) Rec.Venda Imob.										
(-) Compra Perman.										
Disponibilidades Investimentos										
FINANCIAMENTOS	1	2	3	4	5	6	7	8	9	S.F.
(+) Empréstimos										
(+) Integral. Capit.										
(-) Amort. Empr.										
Disponibilidades Financiamentos										

AUMENTO LÍQUIDO NAS DISPONIBILIDADES			
Caixa/Bancos-Saldo Inicial		400	
Total de Entradas	Esperado	280	Calculado
Total de Saídas		(400)	
Caixa/Bancos-Saldo Final		280	

DEMONSTRAÇÃO DE RESULTADOS DO EXERCÍCIO

DRE	1	2	3	4	5	6	7	8	9	S.F.
Rec.Vendas Brutas										
Impostos Indir.										
Rec.Vendas Líquidas										
C.P.V. / C.M.V.										
Lucro Bruto										
Despesas Admin.										
Despesas Vendas										
Lucro Antes Res.Fin.										
Receitas Financ.										
Despesas Financ.										
Lucro Antes do IR										
Imposto Renda										
Dividendos										
Lucro Líquido/Retido	Esperado			21		Calculado				

Exercício Proposto V - Enunciado

A Cia XYZ é uma indústria e apresentou as seguintes demonstrações em 31/12/X2:

BALANCETE DE VERIFICAÇÃO

Capital Social	600
Imóveis em Uso	400
Bancos c/ Movimento	400
Títulos a Receb. (2,5 anos)	140
Instalações	200
Particip. em Outras Cias.	160
Veículos	60
Fornecedores	180
Empr. Bancár. (1,5 ano)	300
Imp. Renda a Pagar	60
Salários a Pagar	20
Lucros Acumulados	120
Lucros do Período Anterior	80

Os lançamentos contábeis do ano de X3 foram:

1) Compra de matéria-prima por R$500, dos quais R$250 pagos à vista.

2) Operários utilizam R$250 de matéria-prima para confecção de produtos.

3) Pagamento de salários no valor de R$20.

4) Reconhecimento de luz, água e telefone, sendo R$20 da fábrica e R$10 do escritório.

5) Vendas efetuadas no valor de R$150 para produtos que valem R$150, sendo recebido à vista R$180. O valor dos impostos foi R$30 a pagar em 30 dias e a comissão de vendas foi de 10%, pago à vista.

6) Pagamento aos fornecedores no valor de R$100.

7) Recebimento de Clientes no valor de R$100.

8) Reconhecimento dos salários, sendo R$50 dos operários e R$20 do pessoal do escritório.

9) Encerramento de balanço - Cálculo do Imposto de renda como 30% do LAIR, para pagar em 30 dias, e dos dividendos como de 50% do LDIR (lucro depois do I.R.), para pagar em 45 dias.

Com base nesses dados, lance os saldos iniciais e as transações contábeis nos CANVAS das páginas anteriores.

Exercício Proposto VI - Enunciado

A Cia KKK é um comércio e apresentou o seguinte balancete de verificação em 31/12/X1

Caixa R$40; Capital R$70; Móveis/utensílios R$50; Estoque de Mercadorias R$40; Fornecedores R$41; Salários a Pagar R$30; Contas a Receber R$31; Empréstimos em Curto Prazo R$130; Instalações R$60; Imóveis R$50.

Lançamentos contábeis de X2:

1) Vendas efetuadas no valor de R$50 de mercadorias que custaram R$25, tudo recebido à vista. O valor dos impostos foi de R$5 para pagar em 15 dias, e a comissão de vendas de R$4, paga à vista.

2) Abertura de uma conta corrente no banco por meio de um depósito em dinheiro no valor de R$10.

3) Compra de veículos por R$22 com pagamento à vista.

4) Aquisição de mercadorias no valor de R$70 sendo pago R$50 à vista.

5) Vendas efetuadas no valor de R$39 de mercadorias que custaram R$24, sendo recebido R$30 à vista e o restante em curto prazo. O valor dos impostos foi R$5, para pagar em 15 dias e a comissão de vendas foi de R$3 (Despesas de Vendas) para pagar em 30 dias.

6) Pagamento aos fornecedores de R$25 da dívida.

7) Pagamento de salários devidos no valor de R$20.

8) Aumento e integralização de capital no valor de R$150.

9) Pagamento de empréstimo bancário de curto prazo no valor de R$100 e juros de R$10.

Com base nesses dados, lançar os saldos iniciais e as transações contábeis nos CANVAS das páginas posteriores.

EXERCÍCIO PROPOSTO VI

Resolva o Exercício no Canvas Abaixo e no Fluxo de Caixa e D.R.E. da Página ao Lado

BALANÇO PATRIMONIAL (Valores em R$1.000,00)

ATIVO

	S.I.	1	2	3	4	5	6	7	8	9	S.F.
Ativo Circulante											
Caixa											
Bancos											
Contas a Receber											
A Rec.Acionistas											
Estoque Mercad.											
Mat. Diversos											
Total Ativo Circulante											
Ativo Não Circulante-Realizável											
Títulos a Rec.L.P.											
Total Realizável Não Circulante											
Ativo Não Circulante-Permanente											
Instalações											
Móveis/utensílios											
Veículos											
Deprec. Acum.											
Total Permanente											
Total do Ativo	**Esperado**		322	**Calculado**							

PASSIVO

	S.I.	1	2	3	4	5	6	7	8	9	S.F.
Passivo Circulante											
Fornecedores											
Impostos a Pagar											
Salários a Pagar											
Empréstimo											
Aluguéis a Pagar											
Juros a Pagar											
Total Passivo Circulante											
Passivo Não Circulante-Exigível											
Aluguéis a L.P.											
Fornecedores L.P.											
Total Exigível Não Circulante											
Patrimônio Líquido											
Capital											
Lucro/Prej.Acum											
Reservas											
Lucro Líq./Retido											
Patrimônio Líquido											
Total do Passivo	**Esperado**		322	**Calculado**							

198   Guia Visual da Contabilidade

> O Fluxo está do lado esquerdo para seguir a convenção de sinais

> O DRE está do lado direito para seguir a convenção de sinais.

DEMONSTRAÇÃO DE FLUXO DE CAIXA

OPERACIONAIS	1	2	3	4	5	6	7	8	9	S.F.
(+) Receb. Clientes										
(+) Outros										
(-) Pagam. Fornec.										
(-) Salários Pagos										
(-) Impostos Pagos										
(-) Outros										
Disponibilidades Operacionais										
INVESTIMENTOS	1	2	3	4	5	6	7	8	9	S.F.
(-) Rec.Venda Imob.										
(-) Compra Perman.										
Disponibilidades Investimentos										
FINANCIAMENTOS	1	2	3	4	5	6	7	8	9	S.F.
(+) Empréstimos										
(+) Integral. Capit.										
(-) Amort. Empr.										
Disponibilidades Financiamentos										

AUMENTO LÍQUIDO NAS DISPONIBILIDADES			
Caixa/Bancos-Saldo Inicial		40	
Total de Entradas	Esperado	240	Calculado
Total de Saídas		(241)	
Caixa/Bancos-Saldo Final		39	

DEMONSTRAÇÃO DE RESULTADOS DO EXERCÍCIO

DRE	1	2	3	4	5	6	7	8	9	S.F.
Rec.Vendas Brutas										
Impostos Indir.										
Rec.Vendas Líquidas										
C.P.V. / C.M.V.										
Lucro Bruto										
Despesas Admin.										
Despesas Vendas										
Lucro Antes Res.Fin.										
Receitas Financ.										
Despesas Financ.										
Lucro Antes do IR										
Imposto Renda										
Dividendos										
Lucro Líquido/Retido	Esperado			13		Calculado				

DEMONSTRAÇÃO DE FLUXO DE CAIXA

Guia Visual da Contabilidade

W.E. Deming
1900-1993

SEÇÃO 7
USANDO A CONTABILIDADE

Guia Visual da Contabilidade

A CONTABILIDADE GERENCIAL

Não se gerencia o que não se mede! (Deming)

A seguinte frase é atribuída a William Edwards Deming, professor e consultor de qualidade norte americano:

"Não se gerencia o que não se mede, não se mede o que não se define, não se define o que não se entende, e não há sucesso no que não se gerencia."

W. E. Deming
1900-1993

A contabilidade é a ferramenta de registro de todas as informações monetárias de uma empresa. É um grande repositório de dados. Porém estes dados podem ser agrupados e utilizados em cálculos que auxiliam na tomada de decisões gerenciais.

A riqueza de informações que a contabilidade dispõe possibilita a criação de análises que medem a saúde financeira e a capacidade de gestão das empresas. E com essas análises é possível tomar decisões gerenciais. Os mecanismos que utilizam a **Contabilidade** para geração de informações é denominado **Contabilidade Gerencial**.

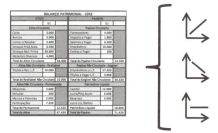

Existem várias ferramentas de análise desenvolvidas para a contabilidade gerencial como a Contabilidade de Custos, o Orçamento Empresarial, o Planejamento Tributário e outros. Neste livro será apresentado ferramentas de Análise Financeira, focando a análise horizontal e vertical e os indicadores financeiros. Também serão apresentados alguns aspectos tributários que envolvem a contabilidade.

A CONTABILIDADE GERENCIAL 203

ANÁLISE DAS DEMONSTRAÇÕES

Valores absolutos e relativos

É difícil analisar balanços pelos seus valores absolutos. Imagine ter que comparar o balanço de uma mercearia com o de um grande grupo varejista de alimentos. Ambas as empresas são do ramo alimentício, no entanto, os valores são tão díspares que é impossível de compará-los pelos valores apontados nas demonstrações. A solução é transformar esses valores em números relativos, ou seja, em percentuais ou em índices. Desta forma se torna possível comparar o desempenho de empresas de tamanhos diferentes.

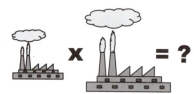

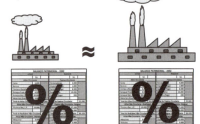

Uma ferramenta é a análise horizontal, que aponta qual o crescimento relativo entre dois períodos consecutivos de cada conta do balanço patrimonial e da demonstração de resultado. Outra ferramenta é a análise vertical, que mostra o quanto cada conta representa do total do ativo ou do passivo, no balanço, ou em relação à receita líquida na demonstração de resultado. Por fim, tem-se os indicadores, que são relações entre determinadas contas que apontam os comportamentos gerenciais da empresa.

É importante ressaltar que as análises horizontais, verticais e os índices não deveriam ser analisados por si somente. Elas devem ser comparadas com as de outras empresas do mesmo ramo de atividade, pois dessa maneira se terá um quadro completo da situação empresarial. O ideal é conseguir a média e os quartis das empresas do ramo e posicionar a empresa analisada em relação as outras.

Para a obtenção das informações referentes aos ramos de atividades pode-se consultar o IBGE, o Serasa Experian, órgãos como a FIESP e as federações patronais, os sindicatos patronais e os órgãos de classe, os institutos de pesquisas que regularmente efetuam este tipo de análise, além, de publicações como a Melhores e Maiores da revista Exame, dentre outras.

ANÁLISE HORIZONTAL

Olhando as demonstrações horizontalmente

BALANÇO PATRIMONIAL (Valores em R$1.000,00)

ATIVO	X1	X2
Ativo Circulante		
Caixa	127	199
Bancos	113	166
Contas a Receber	75	95
Estoque Prod.Acab.	50	22
Estoque Mat.Prima	10	30
Total Ativo Circ.	**375**	**512**
Ativo Permanente		
Instalações	120	108
Veículos		
Total Permanente	**120**	**108**
Total do Ativo	**495**	**620**

PASSIVO	X1	X2
Passivo Circulante		
Fornecedores	58	69
Impostos a Pagar	15	26
Salários a Pagar	12	34
Empréstimo	10	21
Total Passivo Circ.	**95**	**150**
Patrimônio Líquido		
Capital	350	400
Lucros Acumulados	32	50
Lucro do Período	18	20
Patrimônio Líq.	**400**	**470**
Total do Passivo	**495**	**620**

DEM. RES. DO EXERCÍCIO

DRE	X1	X2
Rec.Vendas Brutas	**140**	**200**
Impostos Indir.	(16)	(42)
Rec.Vendas Líq.	**124**	**158**
C.P.V. / C.M.V.	(76)	(98)
Lucro Bruto	**48**	**60**
Despesas Admin.	(13)	(17)
Despesas Vendas	(5)	(12)
Lucro Antes R.Fin.	**30**	**31**
Despesas Financ.	(5)	(3)
Lucro Antes do IR	**25**	**28**
Imposto Renda	(7)	(8)
Lucro Líq./Retido	**18**	**20**

A chamada análise horizontal consiste em comparar dois balanços consecutivos da empresa, para avaliar o crescimento ou decrescimento de cada conta contábil de um período para o outro. Através desta análise é possível verificar o comportamento e as consequências da estratégia da empresa.

É possível verificar no exemplo ao lado que o ativo e o passivo cresceram R$125 do ano 1 para o ano 2. Este aumento foi causado, no lado do ativo, pelo aumento de diversas contas do ativo circulante e uma ligeira diminuição da conta Instalações do ativo permanente. Uma análise desta maneira é superficial. Se torna necessário substanciá-la com números e grandezas para que tenha validade. A dúvida é se R$125 é muito ou pouco para a empresa? A análise horizontal, por apresentar números relativos (%) e não absolutos (R$), permite esta avaliação. No caso, este aumento corresponde a 25,3% de um ano para outro, o que é um grande aumento.

O cálculo é simples:

$$A_{Horizontal} = \frac{Valor_{Ano_2} - Valor_{Ano_1}}{Valor_{Ano_1}} \times 100(\%)$$

Tendo os dois valores consecutivos da conta basta subtrair o mais recente do mais antigo e dividir o resultado pelo valor mais antigo. Se obtém o resultado de forma decimal.

Ao se multiplicar por 100 se obtém o resultado de forma percentual.

BALANÇO PATRIMONIAL (Valores em R$1.000,00)

ATIVO	X1	X2	Horiz.
Ativo Circulante			
Caixa	127	199	**57%**
Bancos	113	166	**47%**
Contas a Receber	75	95	**27%**
Estoque Prod.Acab.	50	22	**-56%**
Estoque Mat.Prima	10	30	**200%**
Total Ativo Circ.	**375**	**512**	**37%**
Ativo Não Circulante-Permanente			
Instalações	120	108	**-10%**
Veículos			
Total Permanente	**120**	**108**	**-10%**
Total do Ativo	**495**	**620**	**25%**

PASSIVO	X1	X2	Horiz.
Passivo Circulante			
Fornecedores	58	69	**19%**
Impostos a Pagar	15	26	**73%**
Salários a Pagar	12	34	**183%**
Empréstimo	10	21	**110%**
Total Passivo Circ.	**95**	**150**	**58%**
Patrimônio Líquido			
Capital	350	400	**14%**
Lucros Acumulados	32	50	**56%**
Lucro do Período	18	20	**11%**
Patrimônio Líquido	**400**	**470**	**18%**
Total do Passivo	**495**	**620**	**25%**

$$A_{Horizontal} = \frac{Valor_{Ano_2} - Valor_{Ano_1}}{Valor_{Ano_1}} \times 100 (\%)$$

DRE	X1	X2	Horiz.
Rec.Vendas Brutas	**140**	**200**	**43%**
Impostos Indir.	(16)	(42)	**163%**
Rec.Vendas Líquidas	**124**	**158**	**27%**
C.P.V. / C.M.V.	(76)	(98)	**29%**
Lucro Bruto	**48**	**60**	**25%**
Despesas Admin.	(13)	(17)	**31%**
Despesas Vendas	(5)	(12)	**140%**
Lucro Antes Res.Fin.	**30**	**31**	**3%**
Despesas Financeiras	(5)	(3)	**-40%**
Lucro Antes de IR	**25**	**28**	**12%**
Imposto Renda	(7)	(8)	**14%**
Lucro Líq./Retido	**18**	**20**	**11%**

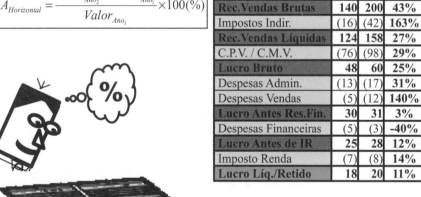

A lei das Sociedades Anônimas (artigo 176 da Lei 6.404/76) obriga as empresas a publicarem sempre as demonstrações do exercício apresentado e do exercício anterior, o que facilita a análise horizontal pois fornece todas as informações necessárias em um único local.

As principais considerações são:

1) As duas demonstrações devem ser de períodos consecutivos.

2) A base é sempre o período mais antigo.

3) O cálculo pode resultar em valores positivos ou negativos. Quando for negativo significa que a conta diminuiu de valor de um período para o outro.

Na Demonstração ao lado tem-se como exemplo a conta Vendas Brutas. Aplicando-se a equação:

$$A_{Vendas\ Brutas} = \frac{200 - 140}{140} \times 100 (\%) = 42,9\%$$

obtêm-se que a conta teve um crescimento de 42,9% do Ano X1 para o ano X2.

ANÁLISE DAS DEMONSTRAÇÕES

Exercício Passo a Passo

BALANÇO PATRIMONIAL (Valores em R$1.000,00)

ATIVO	X1	X2	Horiz.
Ativo Circulante			
Caixa	38	18	
Bancos	142	188	
Contas a Receber	90	202	
Estoque de Prod. Acabado	50	34	
Estoque de Matéria Prima	22	87	
Total Ativo Circulante	**342**	**529**	
Ativo Não Circulante-Permanente			
Máquinas e Equipamentos	32	27	
Imóveis	435	435	
Veículos	32	30	
Total Permanente	**499**	**492**	
Total do Ativo	**841**	**1.021**	

PASSIVO	X1	X2	Horiz.
Passivo Circulante			
Fornecedores	76	158	
Impostos a pagar	6	11	
Salários a Pagar	16	22	
Empréstimos	93	102	
Aluguéis a Pagar	21	33	
Total Passivo Circulante	**212**	**326**	
Patrimônio Líquido			
Capital	500	540	
Lucro/Prejuízo Acumulado	80	89	
Reservas	40	50	
Lucro do Período	9	16	
Patrimônio Líquido	**629**	**695**	
Total do Passivo	**841**	**1.021**	

DEMONSTRAÇÃO DE RESULTADO

DRE	X1	X2	Horiz.
Receitas de Vendas Brutas	237	314	
Impostos Indir.	(24)	(31)	
Receitas de Vendas Líquidas	213	283	
C.P.V. / C.M.V.	(143)	(188)	
Lucro Bruto	70	95	
Despesas Admin.	(32)	(40)	
Outras Despesas	(15)	(17)	
Lucro Antes Res.Fin.	23	38	
Receitas Financeiras			
Despesas Financeiras	(4)	(2)	
Lucro Antes de IR	19	36	
Imposto Renda	(6)	(11)	
Dividendos	(4)	(9)	
Lucro Líquido/Retido	**9**	**16**	

Exercício:

Dadas as duas demonstrações financeiras dos anos X1 e X2, elabore a Análise Horizontal dos mesmos.

$$A_{Horizontal} = \frac{Valor_{Ano_2} - Valor_{Ano_1}}{Valor_{Ano_1}} \times 100(\%)$$

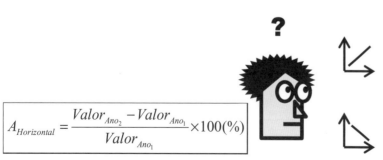

208 Guia Visual da Contabilidade

Solução

BALANÇO PATRIMONIAL (Valores em R$1.000,00)

ATIVO	X1	X2	Horiz.
Ativo Circulante			
Caixa	38	18	-53%
Bancos	142	188	32%
Contas a Receber	90	202	124%
Estoque de Prod. Acabado	50	34	-32%
Estoque de Matéria Prima	22	87	295%
Total Ativo Circulante	**342**	**529**	**55%**
Ativo Não Circulante-Permanente			
Máquinas e Equipamentos	32	27	-16%
Imóveis	435	435	0%
Veículos	32	30	-6%
Total Permanente	**499**	**492**	**-1%**
Total do Ativo	**841**	**1.021**	**21%**

PASSIVO	X1	X2	Horiz.
Passivo Circulante			
Fornecedores	76	158	108%
Impostos a pagar	6	11	83%
Salários a Pagar	16	22	38%
Empréstimos	93	102	10%
Aluguéis a Pagar	21	33	57%
Total Passivo Circulante	**212**	**326**	**54%**
Patrimônio Líquido			
Capital	500	540	8%
Lucro/Prejuízo Acumulado	80	89	11%
Reservas	40	50	25%
Lucro do Período	9	16	78%
Patrimônio Líquido	**629**	**695**	**10%**
Total do Passivo	**841**	**1.021**	**21%**

DEMONSTRAÇÃO DE RESULTADO

DRE	X1	X2	Horiz.
Receitas de Vendas Brutas	**237**	**314**	**32%**
Impostos Indir.	(24)	(31)	29%
Receitas de Vendas Líquidas	**213**	**283**	**33%**
C.P.V. / C.M.V.	(143)	(188)	31%
Lucro Bruto	**70**	**95**	**36%**
Despesas Admin.	(32)	(40)	25%
Outras Despesas	(15)	(17)	13%
Lucro Antes Res.Fin.	**23**	**38**	**65%**
Receitas Financeiras			
Despesas Financeiras	(4)	(2)	-50%
Lucro Antes de IR	**19**	**36**	**89%**
Imposto Renda	(6)	(11)	83%
Dividendos	(4)	(9)	125%
Lucro Líq./Retido	**9**	**16**	**78%**

$$A_{Horizontal} = \frac{Valor_{Ano_2} - Valor_{Ano_1}}{Valor_{Ano_1}} \times 100 (\%)$$

EXERCÍCIO PROPOSTO I

BALANÇO PATRIMONIAL (Valores em R$1.000,00)

ATIVO	2017	2018		Horiz.
Ativo Circulante				
Caixa	237	183		
Bancos	194	254		
Contas a Receber	120	150		
Estoque de Prod. Acabado	200	230		
Estoque de Matéria Prima	65	87		
Total Ativo Circulante	816	904		
Ativo Não Circulante-Realizável				
Contas a Receber de L.P.	185	213		
Total Realizável Não Circul.	**185**	**213**		
Ativo Não Circulante-Permanente				
Instalações	87	91		
Imóveis	320	320		
Veículos	14	21		
Máquinas	413	408		
Total Permanente	**834**	**840**		
Total do Ativo	**1.835**	**1.957**		

PASSIVO	2017	2018		Horiz.
Passivo Circulante				
Fornecedores	180	192		
Impostos a pagar	42	34		
Obrigações Sociais e Trab.	46	56		
Empréstimos	240	280		
Aluguéis a Pagar	100	120		
Total Passivo Circulante	608	682		
Passivo Não Circulante-Exigível				
Empréstimos de L.P.	200	260		
Total Exigível Não Circulante	**200**	**260**		
Patrimônio Líquido				
Capital	700	700		
Lucro/Prejuízo Acumulado	80	147		
Reservas	180	120		
Lucro do Período	67	48		
Patrimônio Líquido	**1.027**	**1.015**		
Total do Passivo	**1.835**	**1.957**		

DEMONSTRAÇÃO DE RESULTADO

DRE	2017	2018		Horiz.
Receitas de Vendas Líquidas	**405**	**451**		
C.P.V. / C.M.V.	(213)	(288)		
Lucro Bruto	**192**	**163**		
Despesas Admin./Comerc.	(105)	(120)		
Lucro Antes Res.Fin.	**87**	**43**		
Receitas Financeiras	56	68		
Despesas Financeiras	(4)	(2)		
Lucro Antes de IR	**139**	**109**		
Imposto Renda	(42)	(34)		
Dividendos	(30)	(27)		
Lucro Líquido/Retido	**67**	**48**		

Exercício:

Dadas as duas demonstrações financeiras dos anos 2017 e de 2018, elabore a Análise Horizontal dos mesmos.

$$A_{Horizontal} = \frac{Valor_{Ano_2} - Valor_{Ano_1}}{Valor_{Ano_1}} \times 100(\%)$$

Guia Visual da Contabilidade

EXERCÍCIO PROPOSTO II

BALANÇO PATRIMONIAL (Valores em R$1.000,00)

ATIVO	X3	X4		Horiz.
Ativo Circulante				
Caixa	2.450	6.254		
Bancos	8.745	5.886		
Contas a Receber	45.644	54.566		
Estoque de Prod. Acabado	68.156	51.589		
Estoque de Matéria Prima	8.799	12.458		
Total Ativo Circulante	**133.794**	**130.753**		
Ativo Não Circulante-Realizável				
Contas a Receber de L.P.	7.858	4.856		
Total Realizável Não Circul.	**7.858**	**4.856**		
Ativo Não Circulante-Permanente				
Instalações	129.761	138.796		
Imóveis	158.454	164.488		
Máquinas	21.256	26.884		
Total Permanente	**309.471**	**330.168**		
Total do Ativo	**451.123**	**465.777**		

PASSIVO	X3	X4		Horiz.
Passivo Circulante				
Fornecedores	6.548	7.895		
Impostos a pagar	6.329	19.163		
Obrigações Sociais e Trab.	8.556	9.556		
Empréstimos	258.445	212.552		
Aluguéis a Pagar	15.200	18.250		
Total Passivo Circulante	**295.078**	**267.416**		
Passivo Não Circulante-Exigível				
Empréstimos de L.P.	200	260		
Total Exigível Não Circulante	**200**	**260**		
Patrimônio Líquido				
Capital	120.000	120.000		
Lucro/Prejuízo Acumulado	21.076	35.845		
Lucro do Período	14.769	42.256		
Patrimônio Líquido	**155.845**	**198.101**		
Total do Passivo	**451.123**	**465.777**		

Exercício:

Dadas as duas demonstrações financeiras dos anos X3 e de X4, elabore a Análise Horizontal dos mesmos.

$$A_{Horizontal} = \frac{Valor_{Ano_2} - Valor_{Ano_1}}{Valor_{Ano_1}} \times 100(\%)$$

DEMONSTRAÇÃO DE RESULTADO

DRE	X3	X4		Horiz.
Receitas de Vendas Brutas	**469.123**	**584.235**		
Impostos Indir.	(46.912)	(70.108)		
Receitas de Vendas Líquidas	**422.211**	**514.127**		
C.P.V. / C.M.V.	(258.777)	(298.654)		
Lucro Bruto	**163.434**	**215.473**		
Despesas Admin./Comerc.	(142.546)	(168.977)		
Res.Equ.Patr.	45.687	68.511		
Lucro Antes Res.Fin.	**66.575**	**115.007**		
Despesas Financeiras	(45.477)	(53.588)		
Lucro Antes de IR	**21.098**	**61.419**		
Imposto Renda	(6.329)	(19.163)		
Lucro Líquido/Retido	**14.769**	**42.256**		

ANÁLISE DAS DEMONSTRAÇÕES

ANÁLISE VERTICAL

O quanto representa cada conta contábil?

BALANÇO PATRIMONIAL (Valores em R$1.000,00)

ATIVO		
		Ano₁
Ativo Circulante		
Caixa		199
Bancos		166
Contas a Receber		95
Estoque Prod.Acab.		22
Estoque Mat.Prima		30
Total Ativo Circ.		**512**
Ativo Permanente		
Instalações		108
Veículos		
Total Permanente		**108**
Total do Ativo		**620**

PASSIVO		
		Ano₁
Passivo Circulante		
Fornecedores		69
Impostos a Pagar		26
Salários a Pagar		34
Empréstimo		21
Total Passivo Circ.		**150**
Patrimônio Líquido		
Capital		400
Lucros Acumulados		50
Lucro do Período		20
Patrimônio Líquido		**470**
Total do Passivo		**620**

BASE 100%

DRE	Ano₁
Rec.Vendas Brutas	**200**
Impostos Indir.	(26)
Rec.Vendas Liq.	**174**
C.P.V. / C.M.V.	(98)
Lucro Bruto	**76**
Despesas Admin.	(17)
Despesas Vendas	(12)
Lucro Antes R.Fin.	**47**
Despesas Financ.	(3)
Lucro Antes do IR	**44**
Imposto Renda	(13)
Lucro Líq./Retido	**31**

BASE 100%

Enquanto a análise horizontal analisa o crescimento ou decréscimento de uma conta entre dois períodos consecutivos, a análise vertical verifica o quanto cada conta contábil representa do total, seja do ativo, do passivo ou das receitas líquidas.

O cálculo é a razão entre o valor da conta contábil e uma base. No Ativo e no Passivo a base são os totais, que representam 100%. Na demonstração de resultados a base são as Receitas de Vendas Líquidas, que representam 100%.

No DRE não é utilizado as Receitas de Vendas Brutas como base porque para cada empresa pode variar a alíquota de Impostos Indiretos, e com isto o montante de Impostos Indiretos, o que geraria números distorcidos.

$$A_{Vertical} = \frac{Valor_{Conta}}{Valor_{Total}} \times 100 \, (\%)$$

Esta análise pode ser feita também em relação aos totais de grupos, como os Totais de Ativo e de Passivo Circulante.

Com esta análise é possivel detectar algumas distorções no balanço, como um endividamento muito elevado em relação ao tamanho da empresa ou um estoque demasiadamente alto, que podem ser problemas de gestão financeira e de vendas.

BALANÇO PATRIMONIAL (Valores em R$1.000,00)

ATIVO	X1	Vert.
Ativo Circulante		
Caixa	199	32%
Bancos	166	27%
Contas a Receber	95	15%
Estoque Prod.Acab.	22	4%
Estoque Mat.Prima	30	5%
Total Ativo Circ.	**512**	**83%**
Ativo Não Circulante-Permanente		
Instalações	108	17%
Veículos		0%
Total Permanente	**108**	**17%**
Total do Ativo	**620**	**100%**

PASSIVO	X1	Vert.
Passivo Circulante		
Fornecedores	69	11%
Impostos a Pagar	26	4%
Salários a Pagar	34	5%
Empréstimo	21	3%
Total Passivo Circ.	**150**	**24%**
Patrimônio Líquido		
Capital	400	65%
Lucros Acumulados	50	8%
Lucro do Período	20	3%
Patrimônio Líquido	**470**	**76%**
Total do Passivo	**620**	**100%**

O principal cuidado que se deve ter no cálculo da análise vertical é quanto ao valor base da demonstração de resultados, que é a Receitas de Vendas Líquidas, e não a Bruta.

Na Demonstração ao lado tem-se como exemplo a conta Vendas Brutas. Aplicando-se a equação:

$$A_{Vertical} = \frac{Valor_{Conta}}{Valor_{Total}} \times 100\,(\%)$$

DRE	X1	Vert.
Rec.Vendas Brutas	**200**	**127%**
Impostos Indir.	(26)	-27%
Rec.Vendas Liq.	**174**	**100%**
C.P.V. / C.M.V.	(98)	-62%
Lucro Bruto	**76**	**38%**
Despesas Admin.	(17)	-11%
Despesas Vendas	(12)	-8%
Lucro Antes R.Fin.	**47**	**20%**
Despesas Financ.	(3)	-2%
Lucro Antes do IR	**44**	**18%**
Imposto Renda	(13)	-5%
Lucro Líq./Retido	**31**	**13%**

$$A_{Vendas\_Brutas} = \frac{200}{174} \times 100(\%) = 126{,}6\%$$

Desta forma, é possível avaliar que os Impostos Indiretos e as deduções representam 26,6% das Receitas de Vendas Líquidas.

ANÁLISE VERTICAL

Exercício Passo a Passo

BALANÇO PATRIMONIAL (Valores em R$1.000,00)

ATIVO	X2	Vert.
Ativo Circulante		
Caixa	18	
Bancos	188	
Contas a Receber	202	
Estoque de Prod. Acabado	34	
Estoque de Matéria Prima	87	
Total Ativo Circulante	**529**	
Ativo Não Circulante-Permanente		
Máquinas e Equipamentos	27	
Imóveis	435	
Veículos	30	
Total Permanente	**492**	
Total do Ativo	**1.021**	**100%**

PASSIVO	X2	Vert.
Passivo Circulante		
Fornecedores	158	
Impostos a pagar	11	
Salários a Pagar	22	
Empréstimos	102	
Aluguéis a Pagar	33	
Total Passivo Circulante	**326**	
Patrimônio Líquido		
Capital	540	
Lucro/Prejuízo Acumulado	89	
Reservas	50	
Lucro do Período	16	
Patrimônio Líquido	**695**	
Total do Passivo	**1.021**	**100%**

DEMONSTRAÇÃO DE RESULTADO

DRE	X2	Vert.
Receitas de Vendas Brutas	314	
Impostos Indir.	(31)	
Receitas de Vendas Líquidas	283	100%
C.P.V. / C.M.V.	(188)	
Lucro Bruto	95	
Despesas Admin.	(40)	
Outras Despesas	(17)	
Lucro Antes Res.Fin.	38	
Receitas Financeiras		
Despesas Financeiras	(2)	
Lucro Antes de IR	36	
Imposto Renda	(11)	
Dividendos	(9)	
Lucro Líquido/Retido	16	

Exercício:

Dadas as demonstrações financeiras de X2, elabore a Análise Vertical dos mesmos.

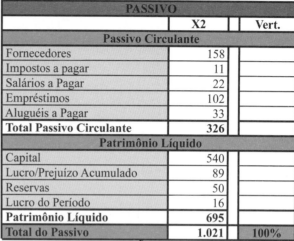

$$A_{Vertical} = \frac{Valor_{Conta}}{Valor_{Total}} \times 100 \, (\%)$$

Guia Visual da Contabilidade

Solução

BALANÇO PATRIMONIAL (Valores em R$1.000,00)

ATIVO	X2	Vert.
Ativo Circulante		
Caixa	18	2%
Bancos	188	18%
Contas a Receber	202	20%
Estoque de Prod. Acabado	34	3%
Estoque de Matéria Prima	87	9%
Total Ativo Circulante	**529**	**52%**
Ativo Não Circulante-Permanente		
Máquinas e Equipamentos	27	3%
Imóveis	435	43%
Veículos	30	3%
Total Permanente	**492**	**48%**
Total do Ativo	**1.021**	**100%**

PASSIVO	X2	Vert.
Passivo Circulante		
Fornecedores	158	15%
Impostos a pagar	11	1%
Salários a Pagar	22	2%
Empréstimos	102	10%
Aluguéis a Pagar	33	3%
Total Passivo Circulante	**326**	**32%**
Patrimônio Líquido		
Capital	540	53%
Lucro/Prejuízo Acumulado	89	9%
Reservas	50	5%
Lucro do Período	16	2%
Patrimônio Líquido	**695**	**68%**
Total do Passivo	**1.021**	**100%**

DEMONSTRAÇÃO DE RESULTADO

DRE	X2	Vert.
Receitas de Vendas Brutas	**314**	**111%**
Impostos Indir.	(31)	-11%
Receitas de Vendas Líquidas	**283**	**100%**
C.P.V. / C.M.V.	(188)	-66%
Lucro Bruto	**95**	**34%**
Despesas Admin.	(40)	-14%
Outras Despesas	(17)	-6%
Lucro Antes Res.Fin.	**38**	**13%**
Receitas Financeiras		
Despesas Financeiras	(2)	-1%
Lucro Antes de IR	**36**	**13%**
Imposto Renda	(11)	-4%
Dividendos	(9)	-3%
Lucro Líq./Retido	**16**	**6%**

Exercício:

Dadas as demonstrações financeiras de X2, elabore a Análise Vertical das mesmas.

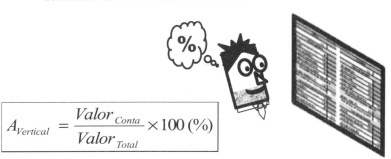

$$A_{Vertical} = \frac{Valor_{Conta}}{Valor_{Total}} \times 100 \, (\%)$$

ANÁLISE VERTICAL

Exercício Proposto I

BALANÇO PATRIMONIAL (Valores em R$1.000,00)

ATIVO		
	2018	Vert.
Ativo Circulante		
Caixa	183	
Bancos	254	
Contas a Receber	150	
Estoque de Prod. Acabado	230	
Estoque de Matéria Prima	87	
Total Ativo Circulante	904	
Ativo Não Circulante-Realizável		
Contas a Receber de L.P.	213	
Total Realizável Não Circul.	**213**	
Ativo Não Circulante-Permanente		
Instalações	91	
Imóveis	320	
Veículos	21	
Máquinas	408	
Total Permanente	**840**	
Total do Ativo	**1.957**	**100%**

PASSIVO		
	2018	Vert.
Passivo Circulante		
Fornecedores	192	
Impostos a pagar	34	
Salários a Pagar	56	
Empréstimos	280	
Aluguéis a Pagar	120	
Total Passivo Circulante	682	
Passivo Não Circulante-Exigível		
Empréstimos de L.P.	260	
Total Exigível Não Circulante	**260**	
Patrimônio Líquido		
Capital	700	
Lucro/Prejuízo Acumulado	148	
Reservas	120	
Lucro do Período	48	
Patrimônio Líquido	**1.016**	
Total do Passivo	**1.958**	**100%**

Exercício:

Dadas as demonstrações financeiras de 2018, elabore a Análise Vertical dos mesmos.

$$A_{Vertical} = \frac{Valor_{Conta}}{Valor_{Total}} \times 100 \, (\%)$$

DEMONSTRAÇÃO DE RESULTADO

DRE	2018		Vert.
Receitas de Vendas Líquidas	**451**		**100%**
C.P.V. / C.M.V.	(288)		
Lucro Bruto	**163**		
Despesas Admin./Comerc.	(120)		
Lucro Antes Res.Fin.	**43**		
Receitas Financeiras	68		
Despesas Financeiras	(2)		
Lucro Antes de IR	**109**		
Imposto Renda	(34)		
Dividendos	(27)		
Lucro Líquido/Retido	**48**		

Exercício Proposto II

BALANÇO PATRIMONIAL (Valores em R$1.000,00)

ATIVO	X4	Vert.
Ativo Circulante		
Caixa	6.254	
Bancos	5.886	
Contas a Receber	54.566	
Estoque de Prod. Acabado	51.589	
Estoque de Matéria Prima	12.458	
Total Ativo Circulante	**130.753**	
Ativo Não Circulante-Realizável		
Contas a Receber de L.P.	4.856	
Total Realizável Não Circul.	**4.856**	
Ativo Não Circulante-Permanente		
Instalações	138.796	
Imóveis	164.488	
Máquinas	26.883	
Total Permanente	**330.167**	
Total do Ativo	**465.776**	**100%**

PASSIVO	X4	Vert.
Passivo Circulante		
Fornecedores	7.895	
Impostos a pagar	19.163	
Salários a Pagar	9.556	
Empréstimos	212.552	
Aluguéis a Pagar	18.250	
Total Passivo Circulante	**267.416**	
Passivo Não Circulante-Exigível		
Empréstimos de L.P.	260	
Total Exigível Não Circulante	**260**	
Patrimônio Líquido		
Capital	120.000	
Lucro/Prejuízo Acumulado	35.844	
Lucro do Período	42.256	
Patrimônio Líquido	**198.100**	
Total do Passivo	**465.776**	**100%**

Exercício:

Dadas as demonstrações financeiras de X4, elabore a Análise Vertical dos mesmos.

$$A_{Vertical} = \frac{Valor_{Conta}}{Valor_{Total}} \times 100 \, (\%)$$

DEMONSTRAÇÃO DE RESULTADO

DRE	X4	Vert.
Receitas de Vendas Brutas	**584.235**	
Impostos Indir.	(70.108)	
Receitas de Vendas Líquidas	**514.127**	**100%**
C.P.V. / C.M.V.	(298.654)	
Lucro Bruto	**215.473**	
Despesas Admin./Comerc.	(168.977)	
Res.Equ.Patr.	68.511	
Lucro Antes Res.Fin.	**115.007**	
Despesas Financeiras	(53.588)	
Lucro Antes de IR	**61.419**	
Imposto Renda	(19.163)	
Lucro Líquido/Retido	**42.256**	

ANÁLISE VERTICAL

ANÁLISE DE ÍNDICES

Gestão por Indicadores

Um dos problemas de quem trabalha com análise contábil é como comparar empresas de ramos e de portes diferentes. Como um analista consegue recomendar as ações de uma determinada empresa? Uma das maneiras é através de indicadores. Indicadores são a relações entre contas ou grupos de contas, que resultam em informações sobre o modo com a empresa analisada é administrada.

Estes indicadores ou são valores porcentuais ou estão em unidades de dias, o que permite comparar empresas de qualquer tamanho e ramo. Isto faz dos indicadores uma ferramenta que pode ser utilizada para avaliar todos os tipos de organizações.

Como exemplo temos a Margem de Lucro Bruta, que é a razão entre o Lucro Bruto e a Receita de Vendas Líquida. Esse indicador mostra, no exemplo ao lado, que para cada unidade monetária vendida, 0,4367 centavos serão revertidos ao lucro bruto.

Todos estes índices devem ser avaliados sempre em relação ao mercado, ou seja, devem ser comparados com outras empresas.

Avaliar uma empresa isoladamente não permite descobrir se eventuais problemas são resultados da gestão de empresa ou se são conjunturais e abrangem todo o conjunto de empresas do setor.

Outro ponto importante é analisar diversos períodos consecutivos, para poder se observar as tendências dos indicadores.

BALANÇO PATRIMONIAL (R$1.000,00)

ATIVO	X1	PASSIVO	X1
Ativo Circulante		**Passivo Circulante**	
Caixa	199	Fornecedores	69
Bancos	166	Impostos a Pagar	26
Contas a Receber	95	Salários a Pagar	34
Estoque Prod.Acab.	22	Empréstimo	21
Estoque Mat.Prima	30	**Total Passivo Circ.**	**150**
Total Ativo Circ.	**512**	**Patrimônio Líquido**	
Ativo Permanente		Capital	400
Instalações	108	Lucros Acumulados	50
Veículos		Lucro do Período	20
Total Permanente	**108**	**Patrimônio Líquido**	**470**
Total do Ativo	**620**	**Total do Passivo**	**620**

DEM. RESULTADOS

DRE	X1
Rec.Vendas Brutas	**200**
Impostos Indir.	(26)
Rec.Vendas Líq.	**174**
C.P.V. / C.M.V.	(98)
Lucro Bruto	**76**
Despesas Admin.	(17)
Despesas Vendas	(12)
Lucro Ant.Res.Fin.	**47**
Despesas Financ.	(3)
Lucro Antes do IR	**44**
Imposto Renda	(13)
Lucro Líq./Retido	**31**

$$M_{Bruta} = \frac{\text{Lucro Bruto}}{\text{Receita Líquida}}$$

Índices de Liquidez - Capacidade de Pagamento de Dívidas

São índices que apresentam a capacidade de pagamento de dívidas pela empresa avaliada, procurando enfatizar o curto prazo e a qualidade dos ativos analisados. (CHING, 2010) (BORGES, 2012)

Índice de Liquidez Corrente

Apresenta a capacidade de pagamento das dívidas de curto prazo da empresa analisada. Um valor que pode ser considerado bom para as empresas é quando o cálculo do índice resultar em um ou mais, ou seja, o ativo circulante tem capacidade de pagar totalmente as dívidas de curto prazo.

$$I_{L.Corrente} = \frac{\text{Ativo Circulante}}{\text{Passivo Circulante}}$$

Índice de Liquidez Seca

Por não ser possível verificar a qualidade dos estoques da empresa, que pode ser de produtos estragados ou depreciados, este índice os retira, diminuindo desta forma o grau de incerteza sobre os ativos da empresa.

$$I_{L.Seca} = \frac{\text{Ativo Circulante} - \text{Estoques}}{\text{Passivo Circulante}}$$

Índice de Liquidez Imediata

Da mesma forma que não é possível verificar a qualidade dos estoques da empresa, também não é possível verificar a qualidade da carteira de clientes que estão devendo para a empresa. Estes clientes podem não pagar. Este índice, além de retirar os Estoques, retira o Contas a Receber, deixando apenas as disponibilidades imediatas como o Caixa, Bancos e Aplicações em Curto Prazo.

$$I_{L.Imediata} = \frac{\text{Disponibilidades}}{\text{Passivo Circulante}}$$

Índice de Liquidez Geral

Este índice apresenta a capacidade da empresa pagar suas dívidas de longo prazo. Ela utiliza toda a dívida da empresa com terceiros (não considera o Patrimônio Líquido, que é uma dívida com os sócios).

$$I_{L.Geral} = \frac{\text{Ativo Circulante} + \text{L.P.}}{\text{Passivo Circulante} + \text{L.P.}}$$

Índices de Estrutura de Capitais - Endividamento

São índices que avaliam a gestão financeira da empresa. Estes indicadores mostram qual a estratégia que a empresa utiliza na captação de seus recursos financeiros. (CHING, 2010) (BORGES, 2012)

Índice do Nível de Endividamento - Grau de Endividamento

Este índice apresenta a relação entre o uso de capitais de terceiros (empréstimos e dívidas com terceiros) e o capital próprio (patrimônio líquido). É também chamado de Alavancagem Financeira.

$$I_{GE} = \frac{\text{Passivo Circulante} + \text{L.P.}}{\text{Patrimônio Líquido}}$$

Índice de Participação do Capital de Terceiros

O índice apresenta o quanto do total do ativo (os bens da empresa) foram financiados por terceiros. Quanto mais próximo de um, mais a empresa utiliza recursos que não são seus.

$$I_{CT} = \frac{\text{Passivo Circulante} + \text{L.P.}}{\text{Ativo Total}}$$

Índice de Endividamento de Curto Prazo

Apresenta o quanto da dívida de curto prazo da empresa representa em relação ao seu capital próprio (patrimônio líquido).

$$I_{CP} = \frac{\text{Passivo Circulante}}{\text{Patrimônio Líquido}}$$

Índice de Composição do Endividamento

Mostra a proporção, em relação ao total das dívidas, que precisa ser paga em curto prazo.

$$I_{CE} = \frac{\text{Passivo Circulante}}{\text{Passivo Circulante} + \text{L.P.}}$$

Índice de Endividamento Oneroso

Mostra o quanto das dívidas da empresa são onerosas, ou seja, pagam juros. **Recursos onerosos são empréstimos que pagarão juros.**

$$I_{EO} = \frac{\text{Recursos Onerosos}}{\text{Passivo Circulante} + \text{L.P}}$$

Índice de Endividamento Oneroso / PL

Mostra o quanto das dívidas da empresa são onerosas, ou seja, pagam juros. **Recursos onerosos são empréstimos que pagarão juros.**

$$I_{EOPL} = \frac{\text{Recursos Onerosos}}{\text{Patrimônio Líquido}}$$

Índices de Eficiência Operacional - Giro e Prazo

São índices que avaliam a gestão operacional da empresa. Mostram qual a estratégia que a empresa usa em seus processos. (CHING, 2010) (BORGES, 2012)

Índice de Giro do Estoque

Apresenta a quantidade de vezes que o estoque da empresa é renovado no prazo de um ano. Caso o analista tenha dois períodos de balanço, deve usar a média dos valores dos estoques.

$$G_{Estoque} = \frac{C.P.V./C.M.V.}{Estoque_{Médio}} \text{ (vezes por ano)}$$

Prazo Médio de Renovação de Estoque

É o Índice de Giro do Estoque apresentado em formato de dias para renovar o estoque, e não de giro, por ano.

$$PM_{Estoque} = \frac{360}{G_{Estoque}} \text{ (dias)}$$

Índice de Giro do Contas a Receber

Apresenta quantas vezes os clientes compram a prazo as mercadorias e a pagam por ano.

$$G_{Contas\,a\,Receber} = \frac{Receitas\ Brutas}{Contas\ a\ Receber} \text{ (vezes por ano)}$$

Prazo Médio de Recebimento

É o Índice de Giro do Contas a Receber, apresentado em formato de dias, e não de giro, por ano.

$$PM_{Contas\,a\,Receber} = \frac{360}{G_{Contas\,a\,Receber}} \text{ (dias)}$$

Índice de Giro do Contas a Pagar

Apresenta quantas vezes a empresa compra a prazo as mercadorias e as paga, por ano. Deve ser utilizado a soma dos estoques do ano menos a soma dos estoques do ano anterior.

$$G_{Contas\,a\,Pagar} = \frac{C.M.V. + Estoques_{Ano} - Estoques_{Ano\,Anterior}}{Contas\ a\ Pagar} \text{ (vezes por ano)}$$

Prazo Médio de Pagamento

É o Índice de Giro do Contas a Pagar apresentado em formato de dias, e não de giro, por ano.

$$PM_{Contas\,a\,Pagar} = \frac{360}{G_{Contas\,a\,Pagarr}} \text{ (dias)}$$

Ciclo Financeiro

Mostra se a empresa consegue se financiar nos fornecedores (valores positivos) ou se financia os seus clientes (valores negativos).

$$CF = PM_{Contas\,a\,Receber} + PM_{Estoque} - PM_{Contas\,a\,Pagar} \text{ (dias)}$$

Índices de Lucratividade e EBITDA

São índices que avaliam qual a lucratividade da empresa (CHING, 2010) (BORGES, 2012).

Margem de Lucro Bruto

Apresenta a porcentagem de lucro bruto obtido pela empresa para cada unidade de Receita Líquida (sem impostos e deduções).

$$M_{Bruta} = \frac{Lucro\ Bruto}{Receita\ Líquida}$$

Margem de Lucro Operacional

Apresenta a porcentagem de Lucro Antes Res.Fin. (não considera as receitas e encargos financeiros) obtido pela empresa para cada unidade de Receita Líquida (sem impostos e deduções).

$$M_{Operacional} = \frac{Lucro\ Antes\ do\ Res.Finan.}{Receita\ Líquida}$$

Margem de Lucro Líquido

Apresenta a porcentagem de lucro líquido obtido pela empresa para cada unidade de Receita Líquida (sem impostos e deduções).

$$M_{Líquida} = \frac{Lucro\ Líquido}{Receita\ Líquida}$$

EBITDA (Earning Before Interests, Taxes, Depreciation and Amortization)

O EBITDA é um indicador utilizado para avaliar a empresa, não considerando os fatores que influem no resultado mas não estão relacionados ao operacional, como as despesas financeiras, depreciações, amortizações e os resultados de equivalência patrimonial.

$$EBITDA = Lucro\ Antes\ do\ I.R. + Desp.\ Fin. - Rec.\ Fin. + Depreci. + Amort. \pm Res.Equ.Patr.$$

Margem do EBITDA

Este indicador apresenta o quanto do EBITDA é gerado pela empresa para uma determinada Receita Líquida.

$$M_{EBITDA} = \frac{EBITDA}{Receita\ Líquida}$$

ANÁLISE DE ÍNDICES

Índices de Rentabilidade

São índices que avaliam o retorno que a empresa proporciona em relação ao ativo aos investimentos e ao capital (CHING, 2010) (BORGES, 2012). São indicadores que apresentam a eficiência da gestão e das vendas, mostrando a cada unidade monetária o quanto se obtém de retorno.

ROA (Return On Assets) - Retorno Sobre o Ativo

Este indicador apresenta a eficiência com que a empresa coloca o total de seus ativos para gerar lucro. Caso se tenha as demonstrações de dois anos consecutivos, deve-se tirar a média aritmética dos totais de ativos dos dois períodos.

$$ROA = \frac{\text{Lucro Líquido}}{\text{Ativo Total Médio}}$$

Caso não se tenha os dois períodos pode-se usar apenas o total do ativo do ano avaliado.

ROI (Return On Investment) - Retorno Sobre o Investimento

Da mesma forma que o anterior, este indicador mostra a eficiência da empresa em gerar lucro em relação ao seu ativo operacional.

$$ROI = \frac{\text{Lucro Antes do Res. Finan.}}{\text{Ativo Operacional Médio}}$$

Ativo Operacional Médio = (Ativo Circulante - Passivo Circulante) + Ativo de Longo Prazo + Ativo Permanente
Ativo Operacional Médio = Ativo Total - Passivo Circulante

ROE (Return On Equity) - Retorno sobre o Patrimônio Líquido

Este terceiro indicador de rentabilidade apresenta o quanto a empresa gera de lucro para cada unidade monetária investida pelos seus acionistas. É um indicador muito utilizado por analistas de mercado acionário.

$$ROE = \frac{\text{Lucro Líquido}}{\text{Patrimônio Líquido Médio}}$$

Índices de Rentabilidade Calculados pelo Método Du Pont

São os mesmos índices de rentabilidade vistos anteriormente, porém os mesmos são desdobrados em duas ou mais fórmulas, uma de margem e outra de giro. (CHING, 2010)

A ideia é a de se obter mais informação com um mesmo indicador. Geralmente a informação que se obtém é quem influenciou o aumento ou a diminuição dos índices, os resultados financeiros ou os resultados operacionais.

Não se deve tentar simplificar a fórmula porque se perde informações gerenciais valiosas.

$$\text{Retorno} = \text{Margem} \times \text{Giro}$$

ROA (Return On Assets) - Retorno Sobre o Ativo

Indicador que mede a eficiência dos ativos em gerar lucro.

$$ROA = \frac{\text{Lucro Líquido}}{\text{Ativo Total Médio}} = \frac{\text{Lucro Líquido}}{\text{Receitas Vendas Líq.}} \times \frac{\text{Receitas Vendas Líq.}}{\text{Ativo Total Médio}}$$

ROI (Return On Investment) - Retorno Sobre o Investimento

Indicador que mostra a eficiência da empresa em gerar lucro em relação ao seu ativo operacional.

$$ROI = \frac{\text{Lucro Antes do Res. Finan.}}{\text{Ativo Operacional Médio}} = \frac{\text{Lucro Antes do Res. Finan.}}{\text{Receitas Vendas Líq.}} \times \frac{\text{Receitas Vendas Líq.}}{\text{Ativo Operacional Médio}}$$

Ativo Operacional Médio = (Ativo Circulante - Passivo Circulante) + Ativo de Longo Prazo + Ativo Permanente

Ativo Operacional Médio = Ativo Total - Passivo Circulante

ROE (Return On Equity) - Retorno sobre o Patrimônio Líquido

Indicador que mostra o quanto a empresa gera de lucro para cada unidade monetária investida pelos seus acionistas.

$$ROE = \frac{\text{Lucro Líquido}}{\text{Patrimônio Líq. Médio}} = \frac{\text{Lucro Líquido}}{\text{Receitas Vendas Líq.}} \times \frac{\text{Receitas Vendas Líq.}}{\text{Patrimônio Líq. Médio}}$$

EXERCÍCIO PASSO A PASSO

BALANÇO PATRIMONIAL (R$1.000)

ATIVO	X1	X2
Ativo Circulante		
Caixa	38	18
Bancos	142	188
Contas a Receber	90	202
Estoque de Prod. Acabado	50	34
Estoque de Matéria Prima	22	87
Total Ativo Circulante	342	529
Ativo Não Circulante-Permanente		
Máquinas e Equipamentos	32	27
Imóveis	435	435
Veículos	32	30
Total Permanente	499	492
Total do Ativo	841	1.021

PASSIVO	X1	X2
Passivo Circulante		
Fornecedores	76	158
Impostos a pagar	6	11
Salários a Pagar	16	22
Empréstimos	93	102
Aluguéis a Pagar	21	33
Total Passivo Circulante	212	326
Patrimônio Líquido		
Capital Social Realizado	500	540
Lucros/Prejuízos Acum.	80	89
Reservas	40	50
Lucro do Período	9	16
Patrimônio Líquido	629	695
Total do Passivo	841	1.021

DEMONSTRAÇÃO DE RESULTADO

DRE	X1	X2
Rec.de Vendas Brutas	237	314
Impostos / Deduções	(24)	(31)
Rec.de Vendas Líquidas	213	283
C.P.V. / C.M.V.	(143)	(188)
Lucro Bruto	70	95
Despesas Admin.	(32)	(40)
Outras Despesas	(15)	(17)
Lucro Antes Res.Fin.	23	38
Receitas Financeiras		
Despesas Financeiras	(4)	(2)
Lucro Antes de IR	19	36
Imposto Renda	(6)	(11)
Dividendos	(4)	(9)
Lucro Líquido / Retido	9	16

Exercício:

Dadas as demonstrações financeiras, elabore a Análise de Índices dos mesmos.

Índices de Liquidez

$$I_{L.Corrente} = \frac{\text{Ativo Circulante}}{\text{Passivo Circulante}}$$ X2 [ ] X1 [ ]

$$I_{L.Seca} = \frac{\text{Ativo Circulante} - \text{Estoques}}{\text{Passivo Circulante}}$$ X2 [ ] X1 [ ]

$$I_{L.Imediata} = \frac{\text{Disponibilidades}}{\text{Passivo Circulante}}$$ X2 [ ] X1 [ ]

$$I_{L.Geral} = \frac{\text{Ativo Circulante} + \text{L.P.}}{\text{Passivo Circulante} + \text{L.P.}}$$ X2 [ ] X1 [ ]

Índices de Estrutura de Capitais

$$I_{GE} = \frac{\text{Passivo Circulante} + \text{L.P.}}{\text{Patrimônio Líquido}}$$ X2 [ ] X1 [ ]

$$I_{CT} = \frac{\text{Passivo Circulante} + \text{L.P.}}{\text{Ativo Total}}$$ X2 [ ] X1 [ ]

$$I_{CP} = \frac{\text{Passivo Circulante}}{\text{Patrimônio Líquido}}$$ X2 [ ] X1 [ ]

$$I_{CE} = \frac{\text{Passivo Circulante}}{\text{Passivo Circulante} + \text{L.P.}}$$ X2 [ ] X1 [ ]

$$I_{EO} = \frac{\text{Recursos Onerosos}}{\text{Passivo Circulante} + \text{L.P}}$$ X2 [ ] X1 [ ]

$$I_{EOPL} = \frac{\text{Recursos Onerosos}}{\text{Patrimônio Líquido}}$$ X2 [ ] X1 [ ]

Guia Visual da Contabilidade

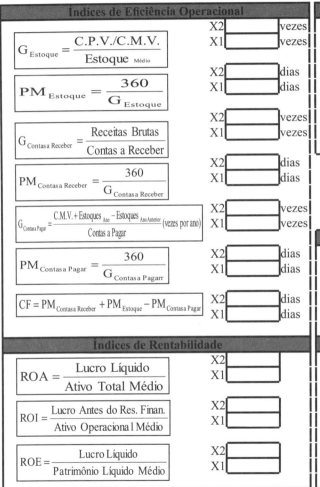

ANÁLISE DE ÍNDICES

Solução

BALANÇO PATRIMONIAL (R$1.000)

ATIVO	X1	X2
Ativo Circulante		
Caixa	38	18
Bancos	142	188
Contas a Receber	90	202
Estoque de Prod. Acabado	50	34
Estoque de Matéria Prima	22	87
Total Ativo Circulante	342	529
Ativo Não Circulante-Permanente		
Máquinas e Equipamentos	32	27
Imóveis	435	435
Veículos	32	30
Total Permanente	499	492
Total do Ativo	841	1.021

PASSIVO	X1	X2
Passivo Circulante		
Fornecedores	76	158
Impostos a pagar	6	11
Salários a Pagar	16	22
Empréstimos	93	102
Aluguéis a Pagar	21	33
Total Passivo Circulante	212	326
Patrimônio Líquido		
Capital Social Realizado	500	540
Lucros/Prejuízos Acum.	80	89
Reservas	40	50
Lucro do Período	9	16
Patrimônio Líquido	629	695
Total do Passivo	841	1.021

DEMONSTRAÇÃO DE RESULTADO

DRE	X1	X2
Rec.de Vendas Brutas	237	314
Impostos / Deduções	(24)	(31)
Rec.de Vendas Líquidas	213	283
C.P.V. / C.M.V.	(143)	(188)
Lucro Bruto	70	95
Despesas Admin.	(32)	(40)
Outras Despesas	(15)	(17)
Lucro Antes Res.Fin.	23	38
Receitas Financeiras		
Despesas Financeiras	(4)	(2)
Lucro Antes de IR	19	36
Imposto Renda	(6)	(11)
Dividendos	(4)	(9)
Lucro Líquido / Retido	9	16

Neste exercício será detalhado apenas o cálculo de X2.

Para os cálculos dos indicadores do ano X1, onde for necessário calculos com dados do balanço anterior, que não está disponível, efetue os cálculos apenas com os valores do período.

Exemplo do cálculo do Giro do Estoque de X1:

Índices de Liquidez

$$I_{L.Corrente} = \frac{529}{326}$$

X2	162,3%
X1	161,3%

MELHOR

$$I_{L.Seca} = \frac{529 - (34 + 87)}{326}$$

X2	125,2%
X1	127,4%

PIOR

$$I_{L.Imediata} = \frac{18 + 188}{326}$$

X2	63,2%
X1	84,9%

PIOR

$$I_{L.Geral} = \frac{529 + 0}{326 + 0}$$

X2	162,3%
X1	161,3%

MELHOR

Índices de Estrutura de Capitais

$$I_{GE} = \frac{326 + 0}{695}$$

X2	46,9%
X1	33,7%

PIOR

$$I_{CT} = \frac{326 + 0}{1021}$$

X2	31,9%
X1	25,2%

PIOR

$$I_{CP} = \frac{326}{695}$$

X2	46,9%
X1	33,7%

PIOR

$$I_{CE} = \frac{326}{326 + 0}$$

X2	100,0%
X1	100,0%

IGUAL

$$I_{EO} = \frac{102 + 0}{326 + 0}$$

X2	31,3%
X1	43,9%

PIOR

$$I_{EOPL} = \frac{102 + 0}{695}$$

X2	14,7%
X1	14,8%

PIOR

Índices de Eficiência Operacional

$$G_{Estoque} = \frac{188}{((50+34)/2 + (22+87)/2)}$$

X2	1,95
X1	1,99

PIOR

$$PM_{Estoque} = \frac{360}{1,95}$$

X2	185
X1	181

PIOR

$$G_{Contas\,a\,Receber} = \frac{314}{202}$$

X2	1,55
X1	2,63

PIOR

$$PM_{Contas\,a\,Receber} = \frac{360}{1,55}$$

X2	232
X1	137

PIOR

$$G_{Contas\,a\,Pagar} = \frac{188 + (34+87) - (50+22)}{158}$$

X2	1,50
X1	2,83

MELHOR

$$PM_{Contas\,a\,Pagar} = \frac{360}{1,17}$$

X2	240
X1	127

MELHOR

$$CF = 232 + 185 - 307$$

X2	177
X1	191

PIOR

Índices de Rentabilidade

$$ROA = \frac{16}{(1021 + 841)/2}$$

X2	1,7%
X1	1,1%

MELHOR

$$ROI = \frac{38}{((841 - 212) + (1021 - 326))/2}$$

X2	5,7%
X1	3,7%

MELHOR

$$ROE = \frac{16}{(695 + 629)/2}$$

X2	2,4%
X1	1,4%

MELHOR

Índices de Lucratividade

$$M_{Bruta} = \frac{95}{283}$$

X2	33,6%
X1	32,9%

MELHOR

$$M_{Operacional} = \frac{381}{283}$$

X2	13,4%
X1	10,8%

MELHOR

$$M_{Líquida} = \frac{16}{283}$$

X2	5,7%
X1	4,2%

MELHOR

EBITDA

$$EBITDA = 36 + 2 + 0 \pm 0$$

X2	38,00
X1	23,00

MELHOR

$$M_{EBITDA} = \frac{38}{283}$$

X2	0,13
X1	0,11

MELHOR

Índices de Rentabilidade pelas Fórmulas Du Pont

$$ROA = \frac{16}{283} \times \frac{283}{(1021 + 841)/2}$$

MELHOR

X2	1,8%	=	0,06	x	0,30
X1	1,0%	=	0,04	x	0,25

$$ROI = \frac{38}{283} \times \frac{283}{((841 - 212) + (1021 - 326))/2}$$

MELHOR

X2	5,6%	=	0,13	x	0,43
X1	3,7%	=	0,11	x	0,34

$$ROE = \frac{16}{283} \times \frac{283}{(695 + 629)/2}$$

MELHOR

X2	2,6%	=	0,06	x	0,43
X1	1,4%	=	0,04	x	0,34

ANÁLISE DE ÍNDICES

EXERCÍCIO PROPOSTO I

BALANÇO PATRIMONIAL (R$1.000)

ATIVO	2017	2018
Caixa	237	183
Bancos	194	254
Contas a Receber	120	150
Estoque de Prod. Acabado	200	230
Estoque de Matéria Prima	65	87
Total Ativo Circulante	**816**	**904**
Ativo Não Circulante-Realizável		
Contas a Receber de L.P.	185	213
Total Realizável Não Circul.	**185**	**213**
Ativo Não Circulante-Permanente		
Instalações	87	91
Imóveis	320	320
Veículos	14	21
Máquinas	413	408
Total Permanente	**834**	**840**
Total do Ativo	**1.835**	**1.957**

Exercício:

Dadas as demonstrações financeiras, elabore a Análise de Índices dos mesmos.

PASSIVO	2017	2018
Passivo Circulante		
Fornecedores	180	192
Impostos a pagar	42	34
Salários a Pagar	46	56
Empréstimos	240	280
Aluguéis a Pagar	100	120
Total Passivo Circulante	**608**	**682**
Passivo Não Circulante-Exigível		
Empréstimos de L.P.	200	260
Total Exigível Não Circul.	**200**	**260**
Patrimônio Líquido		
Capital Social Realizado	700	700
Lucros/Prejuízos Acum.	80	148
Reservas	180	120
Lucro do Período	67	48
Patrimônio Líquido	**1.027**	**1.016**
Total do Passivo	**1.835**	**1.958**

DRE	2017	2018
Rec.de Vendas Brutas	**450**	**512**
Impostos / Deduções	(45)	(61)
Rec.de Vendas Líquidas	**405**	**451**
C.P.V. / C.M.V.	(213)	(288)
Lucro Bruto	**192**	**163**
Despesas Admin.	(105)	(120)
Lucro Antes Res.Fin.	**87**	**43**
Receitas Financeiras	52	66
Lucro Antes de IR	**139**	**109**
Imposto Renda	(42)	(34)
Dividendos	(30)	(27)
Lucro Líquido / Retido	**67**	**48**

Índices de Liquidez

$$I_{L.Corrente} = \frac{\text{Ativo Circulante}}{\text{Passivo Circulante}}$$ 18 [ ] 17 [ ]

$$I_{L.Seca} = \frac{\text{Ativo Circulante} - \text{Estoques}}{\text{Passivo Circulante}}$$ 18 [ ] 17 [ ]

$$I_{L.Imediata} = \frac{\text{Disponibilidades}}{\text{Passivo Circulante}}$$ 18 [ ] 17 [ ]

$$I_{L.Geral} = \frac{\text{Ativo Circulante} + L.P.}{\text{Passivo Circulante} + L.P.}$$ 18 [ ] 17 [ ]

Índices de Estrutura de Capitais

$$I_{GE} = \frac{\text{Passivo Circulante} + L.P.}{\text{Patrimônio Líquido}}$$ 18 [ ] 17 [ ]

$$I_{CT} = \frac{\text{Passivo Circulante} + L.P.}{\text{Ativo Total}}$$ 18 [ ] 17 [ ]

$$I_{CP} = \frac{\text{Passivo Circulante}}{\text{Patrimônio Líquido}}$$ 18 [ ] 17 [ ]

$$I_{CE} = \frac{\text{Passivo Circulante}}{\text{Passivo Circulante} + L.P.}$$ 18 [ ] 17 [ ]

$$I_{EO} = \frac{\text{Recursos Onerosos}}{\text{Passivo Circulante} + L.P}$$ 18 [ ] 17 [ ]

$$I_{EOPL} = \frac{\text{Recursos Onerosos}}{\text{Patrimônio Líquido}}$$ 18 [ ] 17 [ ]

Guia Visual da Contabilidade

Índices de Eficiência Operacional

$$G_{Estoque} = \frac{C.P.V./C.M.V.}{Estoque_{\,Médio}}$$
18 [ ] vezes
17 [ ] vezes

$$PM_{Estoque} = \frac{360}{G_{Estoque}}$$
18 [ ] dias
17 [ ] dias

$$G_{Contas\,a\,Receber} = \frac{Receitas\ Brutas}{Contas\ a\ Receber}$$
18 [ ] vezes
17 [ ] vezes

$$PM_{Contas\,a\,Receber} = \frac{360}{G_{Contas\,a\,Receber}}$$
18 [ ] dias
17 [ ] dias

$$G_{Contas\,a\,Pagar} = \frac{C.M.V. + Estoques_{Ano} - Estoques_{Ano\,Anterior}\ (vezes\ por\ ano)}{Contas\ a\ Pagar}$$
18 [ ] vezes
17 [ ] vezes

$$PM_{Contas\,a\,Pagar} = \frac{360}{G_{Contas\,a\,Pagarr}}$$
18 [ ] dias
17 [ ] dias

$$CF = PM_{Contas\,a\,Receber} + PM_{Estoque} - PM_{Contas\,a\,Pagar}$$
18 [ ] dias
17 [ ] dias

Índices de Lucratividade

$$M_{Bruta} = \frac{Lucro\ Bruto}{Receita\ Líquida}$$
18 [ ]
17 [ ]

$$M_{Operacional} = \frac{Lucro\ Antes\ do\ Res.Finan.}{Receita\ Líquida}$$
18 [ ]
17 [ ]

$$M_{Líquida} = \frac{Lucro\ Líquido}{Receita\ Líquida}$$
18 [ ]
17 [ ]

EBITDA

$$EBITDA = Lucro\ Antes\ do\ I.R. + Desp.\ Fin. - Rec.\ Fin. + Depreci. + Amort. \pm Res.Equ.Patr.$$
18 [ ]
17 [ ]

$$M_{EBITDA} = \frac{EBITDA}{Receita\ Líquida}$$
18 [ ]
17 [ ]

Índices de Rentabilidade

$$ROA = \frac{Lucro\ Líquido}{Ativo\ Total\ Médio}$$
18 [ ]
17 [ ]

$$ROI = \frac{Lucro\ Antes\ do\ Res.\ Finan.}{Ativo\ Operacional\ Médio}$$
18 [ ]
17 [ ]

$$ROE = \frac{Lucro\ Líquido}{Patrimônio\ Líquido\ Médio}$$
18 [ ]
17 [ ]

Índices de Rentabilidade pelas Fórmulas Du Pont

$$ROA = \frac{Lucro\ Líquido}{Ativo\ Total\ Médio} = \frac{Lucro\ Líquido}{Receitas\ Vendas\ Líq.} \times \frac{Receitas\ Vendas\ Líq.}{Ativo\ Total\ Médio}$$
18 [ ] = [ ] x [ ]
17 [ ] = [ ] x [ ]

$$ROI = \frac{Lucro\ Antes\ do\ Res.\ Finan.}{Ativo\ Operacional\ Médio} = \frac{Lucro\ Antes\ do\ Res.\ Finan.}{Receitas.Vendas\ Líq.} \times \frac{Receitas.Vendas\ Líq.}{Ativo\ Operacional\ Médio}$$
18 [ ] = [ ] x [ ]
17 [ ] = [ ] x [ ]

$$ROE = \frac{Lucro\ Líquido}{Patrimônio\ Líq.\ Médio} = \frac{Lucro\ Líquido}{Receitas\ Vendas\ Líq.} \times \frac{Receitas\ Vendas\ Líq.}{Patrimônio\ Líq.\ Médio}$$
18 [ ] = [ ] x [ ]
17 [ ] = [ ] x [ ]

ANÁLISE DE ÍNDICES

EXERCÍCIO PROPOSTO II

BALANÇO PATRIMONIAL (R$1.000)

ATIVO	X3	X4
Ativo Circulante		
Caixa	2.450	6.254
Bancos	8.745	5.886
Contas a Receber	45.644	54.566
Estoque de Prod. Acabado	68.156	51.589
Estoque de Matéria Prima	8.799	12.458
Total Ativo Circulante	133.794	130.753
Ativo Não Circulante-Realizável		
Contas a Receber de L.P.	7.858	4.856
Total Realizável Não Circul.	7.858	4.856
Ativo Não Circulante-Permanente		
Instalações	129.761	138.796
Imóveis	158.454	164.488
Máquinas	21.256	26.883
Total Permanente	309.471	330.167
Total do Ativo	451.123	465.776

PASSIVO	X3	X4
Passivo Circulante		
Fornecedores	6.548	7.895
Impostos a pagar	6.329	19.163
Salários a Pagar	8.556	9.556
Empréstimos	258.445	212.552
Aluguéis a Pagar	15.200	18.250
Total Passivo Circulante	295.078	267.416
Passivo Não Circulante-Exigível		
Empréstimos de L.P.	200	260
Total Exigível Não Circul.	200	260
Patrimônio Líquido		
Capital Social Realizado	120.000	120.000
Lucros/Prejuízos Acum.	21.076	35.844
Lucro do Período	14.769	42.256
Patrimônio Líquido	155.845	198.100
Total do Passivo	451.123	465.776

Exercício:

Dadas as demonstrações financeiras, elabore a Análise de Índices dos mesmos.

DEMONSTRAÇÃO DE RESULTADO

DRE	X3	X4
Rec.de Vendas Brutas	469.123	584.235
Impostos / Deduções	(46.912)	(70.108)
Rec.de Vendas Líquidas	422.211	514.127
C.P.V. / C.M.V.	(258.777)	(298.654)
Lucro Bruto	163.434	215.473
Despesas Admin.	(142.546)	(168.977)
Res.Equ.Patr.	45.687	68.511
Lucro Antes Res.Fin.	66.575	115.007
Despesas Financeiras	(45.477)	(53.588)
Lucro Antes de IR	21.098	61.419
Imposto Renda	(6.329)	(19.163)
Lucro Líquido / Retido	14.769	42.256

Índices de Liquidez

$$I_{L.Corrente} = \frac{Ativo\ Circulante}{Passivo\ Circulante}$$ X4 [ ] X3 [ ]

$$I_{L.Seca} = \frac{Ativo\ Circulante - Estoques}{Passivo\ Circulante}$$ X4 [ ] X3 [ ]

$$I_{L.Imediata} = \frac{Disponibilidades}{Passivo\ Circulante}$$ X4 [ ] X3 [ ]

$$I_{L.Geral} = \frac{Ativo\ Circulante + L.P.}{Passivo\ Circulante + L.P.}$$ X4 [ ] X3 [ ]

Índices de Estrutura de Capitais

$$I_{GE} = \frac{Passivo\ Circulante + L.P.}{Patrimônio\ Líquido}$$ X4 [ ] X3 [ ]

$$I_{CT} = \frac{Passivo\ Circulante + L.P.}{Ativo\ Total}$$ X4 [ ] X3 [ ]

$$I_{CP} = \frac{Passivo\ Circulante}{Patrimônio\ Líquido}$$ X4 [ ] X3 [ ]

$$I_{CE} = \frac{Passivo\ Circulante}{Passivo\ Circulante + L.P.}$$ X4 [ ] X3 [ ]

$$I_{EO} = \frac{Recursos\ Onerosos}{Passivo\ Circulante + L.P}$$ X4 [ ] X3 [ ]

$$I_{EOPL} = \frac{Recursos\ Onerosos}{Patrimônio\ Líquido}$$ X4 [ ] X3 [ ]

Índices de Eficiência Operacional

$$G_{Estoque} = \frac{C.P.V./C.M.V.}{Estoque_{\,Médio}}$$

X4 [ ] vezes
X3 [ ] vezes

$$PM_{Estoque} = \frac{360}{G_{Estoque}}$$

X4 [ ] dias
X3 [ ] dias

$$G_{Contas\,a\,Receber} = \frac{Receitas\ Brutas}{Contas\ a\ Receber}$$

X4 [ ] vezes
X3 [ ] vezes

$$PM_{Contas\,a\,Receber} = \frac{360}{G_{Contas\,a\,Receber}}$$

X4 [ ] dias
X3 [ ] dias

$$G_{Contas\,a\,Pagar} = \frac{C.M.V. + Estoques_{Ano} - Estoques_{Ano\,Anterior}}{Contas\ a\ Pagar}\ (vezes\ por\ ano)$$

X4 [ ] vezes
X3 [ ] vezes

$$PM_{Contas\,a\,Pagar} = \frac{360}{G_{Contas\,a\,Pagarr}}$$

X4 [ ] dias
X3 [ ] dias

$$CF = PM_{Contas\,a\,Receber} + PM_{Estoque} - PM_{Contas\,a\,Pagar}$$

X4 [ ] dias
X3 [ ] dias

Índices de Rentabilidade

$$ROA = \frac{Lucro\ Líquido}{Ativo\ Total\ Médio}$$

X4 [ ]
X3 [ ]

$$ROI = \frac{Lucro\ Antes\ do\ Res.\ Finan.}{Ativo\ Operacional\ Médio}$$

X4 [ ]
X3 [ ]

$$ROE = \frac{Lucro\ Líquido}{Patrimônio\ Líquido\ Médio}$$

X4 [ ]
X3 [ ]

Índices de Lucratividade

$$M_{Bruta} = \frac{Lucro\ Bruto}{Receita\ Líquida}$$

X4 [ ]
X3 [ ]

$$M_{Operacional} = \frac{Lucro\ Antes\ do\ Res.\,Finan.}{Receita\ Líquida}$$

X4 [ ]
X3 [ ]

$$M_{Líquida} = \frac{Lucro\ Líquido}{Receita\ Líquida}$$

X4 [ ]
X3 [ ]

EBITDA

$$EBITDA = Lucro\ Antes\ do\ I.R. + Desp.\ Fin. - Rec.\ Fin. + Depreci. + Amort. \pm Res.Equ.Pa\,tr.$$

X4 [ ]
X3 [ ]

$$M_{EBITDA} = \frac{EBITDA}{Receita\ Líquida}$$

X4 [ ]
X3 [ ]

Índices de Rentabilidade pelas Fórmulas Du Pont

$$ROA = \frac{Lucro\ Líquido}{Ativo\ Total\ Médio} = \frac{Lucro\ Líquido}{Receitas\ Vendas\ Líq.} \times \frac{Receitas\ Vendas\ Líq.}{Ativo\ Total\ Médio}$$

[ ] = [ ] x [ ] X4
[ ] = [ ] x [ ] X3

$$ROI = \frac{Lucro\ Antes\ do\ Res.\ Finan.}{Ativo\ Operacional\ Médio} = \frac{Lucro\ Antes\ do\ Res.\ Finan.}{Receitas.V\,endas\ Líq.} \times \frac{Receitas.V\,endas\ Líq.}{Ativo\ Operacional\ Médio}$$

[ ] = [ ] x [ ] X4
[ ] = [ ] x [ ] X3

$$ROE = \frac{Lucro\ Líquido}{Patrimônio\ Liq.\ Médio} = \frac{Lucro\ Líquido}{Receitas\ Vendas\ Líq.} \times \frac{Receitas\ Vendas\ Líq.}{Patrimônio\ Liq.\ Médio}$$

[ ] = [ ] x [ ] X4
[ ] = [ ] x [ ] X3

ANÁLISE DE ÍNDICES

CONTABILIDADE E TRIBUTOS

"Só há duas coisas certas na vida: a morte e os impostos"

(frase atribuída a Benjamin Franklin e a Samuel Johnson)

História dos Tributos

Os tributos nasceram com a civilização. Quando o ser humano começou a se organizar em cidades, houve a necessidade de se cobrar tributos de seus cidadãos para manter os serviços de manutenção, a segurança e eventual riqueza de seus governantes. Foram encontradas nas ruínas de Uruk, a primeira grande cidade-estado da humanidade, tábuas de argila, datadas de mais que 4000 anos antes de Cristo, que registravam os impostos a serem pagos pelos seus habitantes.

Segundo Amed e Negreiros (2012), no período pré-colonial do Brasil (1500 a 1532), a coroa portuguesa cobrava imposto sobre a extração do pau-brasil. A partir desta época até a vinda da Família Real, o Brasil foi a fonte de recursos financeiros de Portugal. A vinda da Família Real resultou na criação de novos tributos, que se incorporaram ao antigos. A Independência alterou pouco a estrutura tributária. A partir da República os estados obtiveram autonomia e passaram a legislar sobre os tributos. Na era Vargas surge a CLT e a legislação trabalhista. Durante o Regime Militar surgiram novos impostos e isenções fiscais, que eram concedidas para grupos econômicos. A Constituição de 1988 não contribuiu para melhorar este quadro.

É possível observar que a crise estrutural que o Brasil atravessa (2016), vem de longa data, e um dos motivos é o tamanho do estado e a quantidade de impostos, taxas e contribuições, muitos se sobrepondo uns aos outros e com legislações conflitantes, gerando sobrecarga tributária e burocracia inútil. Segundo o Portal Tributário (2016), a lista de tributos no Brasil chega a 92. A PWC (2016), em seus estudos sobre tributos, coloca o Brasil na 178ª colocação de 189 países em termos de facilidade na gestão tributária. As empresas brasileiras gastam em torno de 2600 horas por ano para a sua gestão tributária, enquanto a média mundial é em torno de 250 horas. De seu lucro líquido sem impostos, pode-se concluir que 69,2% serão retirados para o pagamento destes. A média mundial fica em torno de 40%.

As empresas se veem fazendo o papel do estado, executando inúmeras tarefas administrativas para o controle dos impostos, e logicamente cobram estes gastos no preço dos produtos oferecidos à população. A população, por seu lado, não recebe serviços do estado na quantidade e qualidade requerida. Desta forma, torna-se necessário rever o tamanho do estado e as suas atribuições, e efetuar uma reforma tributária, que mesmo que não diminua de imediato a carga de impostos, que pelo menos diminua a quantidade de tributos e a burocracia existente.

Organização Tributária

O Código Tributário Nacional

O Código Tributário Nacional é a lei que rege os aspectos tributários brasileiros, como as definições de competência e aplicabilidade dos tributos pelas unidades da federação, os direitos e deveres dos contribuintes, dos agentes fiscalizadores e outros aspectos da tributação. Este código está expresso na Lei 5.172, de 25 de outubro de 1966 (BRASIL, 1966), e foi absorvido pela Constituição de 1988 (BRASIL, 1988).

O Sistema Tributário Nacional

É o conjunto de leis que visa regulamentar as atividades tributárias do Brasil. Estas leis partem da Constituição Brasileira (BRASIL, 1988) que estabelece a Federação e autonomia dos Estados e da União, e da Lei 5.172 (BRASIL, 1866), que estabelecem as competências tributárias, além de outras leis complementares que criaram e regulamentaram novos tributos.

Competência Tributária

É a competência de criação e fiscalização dos pagamentos dos impostos que a constituição outorga à União, aos Estados e aos Municípios. A Constituição estabelece dois tipos de competência tributária: a competência privativa, que é quando um determinado tributo pode ser cobrado apenas por um ente político (Ex. IPI que é cobrado pela União) e a competência residual que permite à união criar novos tributos não previstos anteriormente.

Tributos

Os chamados Tributos são definidos pelo Artigo 3º da lei 5.172 (BRASIL, 1966) como: "toda prestação pecuniária compulsória, em moeda ou cujo valor nela se possa exprimir, que não constitua sanção de ato ilícito, instituída em lei e cobrada mediante atividade administrativa plenamente vinculada".

Tipos de Tributos

Os tributos podem ser divididos em: impostos, taxas, contribuições, contribuições de melhoria, empréstimos compulsórios e contribuições parafiscais.

Impostos

Segundo o Art. 16 da lei 5.172 (BRASIL, 1966) "Imposto é o tributo cuja obrigação tem por fato gerador uma situação independente de qualquer atividade estatal específica, relativa ao contribuinte".

São os tributos considerados de maior importância pela sua capacidade arrecadatória. Ex. IPI, ICMS, ISS, IOF, IPVA, IPTU, etc.

Contribuições

São tributos para atender destinações específicas. Ex. Contribuição Sindical, Contribuição para Iluminação Pública, etc.

Empréstimos Compulsórios

São tributos de exceção, que somente podem ser criados em situação de guerra, calamidade, ou investimento público de caráter relevante.

Taxas

São tributos cobrados para o pagamento de atividades de fiscalização, do poder de polícia ou pela utilização de um serviço público específico.

Ex. Taxa de licenciamento veicular, taxa de coleta de lixo, taxa de registro de empresas na junta comercial, taxa de emissão de documentos, etc.

Contribuições de Melhoria

É cobrado para custear obras públicas que irão valorizar os imóveis da região beneficiada pelas obras. Não costuma ser cobrado usualmente.

Contribuições Parafiscais

São tributos para financiar atividades consideradas públicas desenvolvidas por entidades como o SENAC, SENAI, SESC, etc.

Formas de Classificações dos Tributos

Tributos Cumulativos e Não Cumulativos

Tributos Cumulativos são os que são acumulados em todos os elos da cadeia produtiva, não sofrendo compensação. Este tipo de classificação pode depender do regime tributário da empresa. Para empresas com regime de Lucro presumido o PIS e o CONFINS será Cumulativo, ou seja, não terá direito a compensação. Para empresas de regime de Lucro Real, é possível a compensação, logo as contribuições serão não cumulativas.

Tributos Não Cumulativos permitem que as empresas compensem, a cada elo da cadeia produtiva, os impostos recolhidos no elo anterior. Este procedimento evita a bitributação e permite que se cobre imposto somente sobre o valor adicionado aos bens e serviços.

Tributos Diretos e Indiretos

Tributos Diretos não estão relacionados com o consumo de bens ou de serviços. Geralmente está relacionado ao lucro e à renda. Ex. Imposto de Renda de Pessoa Física e de Pessoa Jurídica.

Tributo Indireto está relacionado ao consumo, sendo incluído no preço dos bens ou serviços adquiridos. Ex. IPI, ICMS, IOF, COFINS e PIS.

Tributos Arrecadatórios e Regulatórios

Tributos Arrecadatórios têm como função, gerar arrecadação para o órgão arrecadador. Ex. ICMS, Imposto de Renda, etc.

Tributos Regulatórios visam regular o mercado. Ex. IPI, Imposto de Importação, etc.

Tributos Fixos, Proporcionais e Progressivos

Tributos Fixos têm valores fixados, como o ISS de profissionais liberais, que é estabelecido por estimativa.

Tributos Proporcionais são uma proporção do fato gerador, como o IPI e o ICMS, que são uma porcentagem da receita de venda.

Tributos Progressivos têm sua alíquota variável em função de algum fator. Ex. o Imposto de Renda Pessoa Física, cuja alíquota aumenta em função do aumento da renda.

Classificação dos Tributos Pelo Fato Gerador

É uma classificação dos tributos pelo fato gerador do mesmo.

Por Renda. Ex Imposto de Renda Pessoa Física e Jurídica.

Por Patrimônio. Ex. IPVA e IPTU.

Por Consumo: Ex. IPI, ICMS e ISS.

Considerações sobre os Exercícios

Os exercícios apresentados nesta seção são genéricos, ou seja, não tratam de nenhum produto e de nenhum estado específicos. Eles servem apenas para mostrar os mecanismos de cálculo.

Para o cálculo dos impostos reais é importante consultar um contador tributarista para saber as alíquotas de IPI e ICMS do produto no estado de origem e de destino da operação, e a forma de operacionalizar o pagamento e a recuperação dos impostos.

CUMULATIVIDADE E RECUPERAÇÃO DE IMPOSTOS

A legislação brasileira permite a recuperação ou crédito dos impostos pagos pelos fornecedores, para as empresas que trabalham no regime de lucro real. As empresas que apuram seus impostos pelo lucro presumido podem, em algumas circunstâncias, recuperar estes impostos, o que deverá ser avaliado por um contador. As empresas que optaram pelo SIMPLES Nacional não têm direito a crédito de impostos.

Crédito de Imposto é a empresa poder abater os valores de impostos pagos no elo anterior da cadeia produtiva, dos valores de seus impostos a pagar. Os impostos que permitem este abatimento são o ICMS, o IPI, o PIS e o COFINS. Porém a legislação sobre estes créditos é complexa e pode variar em função do tipo de empresa, e no caso do ICMS de estado para estado.

Para ilustrar o efeito em cascata dos impostos cumulativos em uma cadeia produtiva com cinco empresas, é dada uma alíquota de imposto de 10% e um markup de 30% em cada elo. No final o produto terá o preço de R$416,49 e o total de impostos recolhidos pela cadeia produtiva será de R$115,50, o que corresponde a 27,7% do preço de venda.

	Empresa 1	Empresa 2	Empresa 3	Empresa 4	Empresa 5	Consumidor Final/Total
Preço de Venda	100,00	142,86	204,09	291,56	416,51	416,51
Cálculo dos Impostos	10,00	14,29	20,41	29,16	41,65	115,51
Crédito de Imposto		0,00	0,00	0,00	0,00	0,00
Impostos a Recolher	10,00	14,29	20,41	29,16	41,65	115,51
% dos Impostos a Recolher Sobre o Preço de Venda Final						27,7%

O mesmo exemplo com impostos não cumulativos e crédito dos impostos pagos nos elos anteriores. No final o produto terá um preço de R$273,26 e o total de impostos recolhidos de R$27,33, o que corresponde a 10,0% do preço de venda. O Markup continua sendo de 30% aplicado sobre o Custo do Produto menos os Créditos de Impostos.

	Empresa 1	Empresa 2	Empresa 3	Empresa 4	Empresa 5	Consumidor Final/Total
Preço de Venda	100,00	128,57	165,30	212,53	273,26	273,26
Cálculo dos Impostos	10,00	12,86	16,53	21,25	27,33	87,97
Crédito de Imposto		(10,00)	(12,86)	(16,53)	(21,25)	(60,64)
Impostos a Recolher	10,00	2,86	3,67	4,72	6,08	27,33
% dos Impostos a Recolher Sobre o Preço de Venda Final						10,0%

PRINCIPAIS IMPOSTOS: IPI

Imposto sobre Produtos Industrializados

IPI

Este é um imposto de competência da União, sendo regido pelo Decreto Nº 7.212, de 15 de junho de 2010 (BRASIL, 2010).

É classificado como sendo um imposto indireto, não cumulativo e seletivo. Sua alíquota parte de 0% para produtos considerados essenciais, e pode chegar a 300% como no caso de cigarros. Os valores das alíquotas estão disponíveis na Tabela de Incidência do Imposto Sobre Produtos Industrializados -TIPI (BRASIL, 2012).

O IPI incide sobre o preço sem o ICMS, sendo que este imposto deve ser calculado antes.

Exemplo: supondo que uma mercadoria tenha uma Base de Cálculo R$1.000,00 e que sua alíquota de IPI seja de 10%.

Base de Cálculo IPI =	R$1.000,00
Alíquota de IPI =	10,0%
IPI =	100
Preço Final =	1100

IPI = Base de Cálculo * Alíquota de IPI

Valor das Mercadorias
+ Valor das Despesas Acessórias
+ Valor do Seguro

Principais Impostos: ICMS

Imposto sobre a Circulação de Mercadorias e Serviços

ICMS

Este é um imposto de âmbito estadual regido pela Lei Complementar Nº 87, de 13 de setembro de 1996 (BRASIL, 1996).

É classificado como sendo um imposto indireto, não cumulativo e seletivo, ou seja, sua alíquota deverá ser menor para bens e serviços considerados essenciais como alimentos. Neste caso a alíquota gira em torno de 7% a 12%. Para bens e serviços considerados supérfluos, como o caso de bebidas e cigarros, a alíquota pode chegar a 25%. Por ser um imposto estadual, suas alíquotas podem variar de estado para estado. Seu valor deve ser verificado na secretaria da fazenda de cada estado.

O cálculo do valor do ICMS deve ser feito levando em consideração o preço líquido e o próprio imposto que incide sobre ele. Esta maneira de cálculo é denominada pelo mercado como sendo feito "Por Dentro". Na prática este efeito gera uma alíquota real maior que a alíquota nominal.

Exemplo: supondo que uma mercadoria tenha uma base de cálculo de R$1.000,00 e que sua alíquota de ICMS seja de 18%.

Base de Cálculo ICMS =	R$1.000,00
Alíquota Nominal de ICMS =	18,0%
Alíquota Real de ICMS =	21,95%
ICMS =	219,51
Preço Final =	1219,51

A base de cálculo do ICMS

Valor das Mercadorias
+ Valor das Despesas Acessórias
+ Valor do Seguro
+ Valor do Frete
- Valor dos Descontos
+ Valor do IPI

Desta forma a alíquota real para as diversas faixas de ICMS serão:

Nominal	Real
7%	7,53%
12%	13,64%
17%	20,48%
18%	21,95%
19%	23,46%
25%	33,33%

$$ICMS = \text{Base de Cálculo} * \text{Alíquota Real de ICMS}$$

$$\text{Alíquota Real} = \frac{1}{(1 - \text{Alíquota Nominal})} - 1 = \frac{1}{(1 - 0,18)} - 1$$

Principais Impostos: IRPJ

Imposto de Renda Pessoa Jurídica e Contribuição Social sobre o Lucro Líquido

Estes são impostos de âmbito federal.

Existem quatro regimes diferentes de tributação, que são:

a) Simples: Regulamentado pela Lei Complementar 123/2006. Para empresas com receita bruta anual inferior a R$4,8 milhões.

b) Lucro Presumido: Decreto 3.000/1999 - Artigos 516 a 528. Para empresas com lucro anual inferior à R$78 mihões.

c) Lucro Real: Lei 9.718/1998. Para empresas com lucro anual superior à R$78 milhões ou empresas de ramos específicos como instituições financeiras de qualquer tamanho.

d) Lucro Arbitrado: Para empresas com sua escrituração contábil não aceita pela receita federal. Neste caso o adicional é de 20%.

O Imposto de Renda pode ser apurado anualmente, em 31/12 ou trimestralmente em 31/03, 30/06, 30/09 e 31/12. Em caso de fusões ou incorporações, a data de apuração passa a ser a data do evento.

A Base de Cálculo do I.R é definida de acordo com a tributação:

a) Simples: Tem uma forma de tributação simplificada que procura beneficiar as micros e pequenas empresas. As atividades das empresas estão distribuídas nos cinco anexos da lei que regulamenta, e para cada anexo, está fixado um percentual do faturamento que será o Imposto de Renda a pagar.

b) Lucro Presumido: Também tem uma forma simplificada de apuração da base de IRPJ, aplicando um percentual sobre o faturamento. Neste caso o percentual é definido conforme a atividade da empresa.

c) Lucro Real: A base de cálculo é o lucro antes do imposto de renda, que é composto de todas as receitas, operacionais e financeiras, sendo descontados os impostos indiretos, os custos dos produtos vendidos e todas as despesas, sejam elas operacionais ou financeiras do período, e ajustado pelas adições, exclusões e compensações de caráter extracontábil.

d) Lucro Arbitrado: A base de cálculo também é o faturamento, no qual é aplicada uma alíquota majorada.

A alíquota normal de Imposto de Renda é de 15%. Além desta alíquota existe uma adicional sobre o valor que exceder a R$20.000,00 multiplicado pela quantidade de meses do período de apuração. Esta alíquota adicional é de 10% e deverá ser somada à de 15%.

A Contribuição Social sobre o Lucro Líquido (CSLL) foi instituída pela Lei 7.689/1988. As normas de apuração e de pagamento da CSLL são as mesmas que as estabelecidas para o IRPJ, sendo mantidas as mesmas bases de cálculo e aplicadas alíquotas que variam conforme o modelo de tributação definido no IRFJ.

CUMULATIVIDADE E RECUPERAÇÃO DE IMPOSTOS

Exercício Passo a Passo I

Uma empresa compra uma mercadoria por R$417,07, sendo que na nota fiscal é apresentado o valor do ICMS de R$50,05 e o do IPI de R$19,86. Esta empresa deseja obter um Markup de 30%.

Elabore a memória de cálculo do preço de venda, do cálculo dos impostos, de sua recuperação e do seu lucro bruto e de sua margem de lucro. A alíquota de IPI da mercadoria é de 5% e a de ICMS é de 12%.

1) Dados da Nota Fiscal de Compra

Valor de Compra da Mercadoria	R$417,07
Valor do IPI	R$19,86
Valor do ICMS	R$50,05
Alíquota de IPI	5%
Alíquota de ICMS	12%

2) Base de Cálculo do IPI

Custo do Produto = Valor de Compra - Imp. Recuperáveis	
Valor de Compra da Mercadoria	
(-) Valor do IPI	
(-) Valor do ICMS	
Custo do Produto	
Base de Cálculo IPI $= \dfrac{\text{Custo do Produto}}{1 - \text{Markup (\%)}}$	
Markup	30%
Base de Cálculo do IPI	

3) Cálculo do Preço Final de Venda e do IPI

Base de Cálculo do IPI	
Alíquota de IPI	
Valor do IPI = Base de Cálculo IPI * Alíquota de IPI	
Valor do IPI	
Preço Final de Venda = Base Cálculo IPI + Valor do IPI	
Preço Final de Venda	

4) Cálculo do ICMS

Base de Cálculo do ICMS	
Alíquota de ICMS	
Alíquota Real ICMS $= [\dfrac{1}{(1 - \text{Alíquota de ICMS})}] - 1$	
Alíquota Real de ICMS	
Valor do ICMS = Preço Final Venda * Alíquota Real ICMS	
Valor do ICMS	

5) Cálculo dos Impostos a Recolher

Valor do ICMS sobre a venda	
(-) Valor do ICMS sobre a compra (a recuperar)	
Valor do ICMS a Recolher	

Valor do IPI sobre a venda	
(-) Valor do IPI sobre a compra (a recuperar)	
Valor do IPI a Recolher	

6) Cálculo do Lucro Bruto da Venda

Preço Final de Venda	
(-) Valor do ICMS a Recolher	
(-) Valor do IPI a Recolher	
(-) Valor de Compra da Mercadoria	
Lucro Bruto da Mercadoria	
Margem de Lucro Bruto	

SOLUÇÃO

1) Dados da Nota Fiscal de Compra

Valor de Compra da Mercadoria	R$417,07
Valor do IPI	R$19,86
Valor do ICMS	R$50,05
Alíquota de IPI	5%
Alíquota de ICMS	12%

2) Base de Cálculo do IPI

Custo do Produto = Valor de Compra - Imp. Recuperáveis	
Valor de Compra da Mercadoria	R$417,07
(-) Valor do IPI	R$19,86
(-) Valor do ICMS	R$50,05
Custo do Produto	**R$347,16**

$$\text{Base de Cálculo IPI} = \frac{\text{Custo do Produto}}{1 - \text{Markup (\%)}}$$

Markup	30%
Base de Cálculo do IPI	**R$495,94**

3) Cálculo do Preço Final de Venda e do IPI

Base de Cálculo do IPI	R$495,94
Alíquota de IPI	5%
Valor do IPI = Base de Cálculo IPI * Alíquota de IPI	
Valor do IPI	**R$24,80**
Preço Final de Venda = Base Cálculo IPI + Valor do IPI	
Preço Final de Venda	**R$520,74**

4) Cálculo do ICMS

Base de Cálculo do ICMS	R$520,74
Alíquota de ICMS	12%
Alíquota Real ICMS = $[\dfrac{1}{(1 - \text{Alíquota de ICMS})}] - 1$	
Alíquota Real de ICMS	13,64%
Valor do ICMS = Preço Final Venda * Alíquota Real ICMS	
Valor do ICMS	**R$71,01**

5) Cálculo dos Impostos a Recolher

Valor do ICMS sobre a venda	R$71,01
(-) Valor do ICMS sobre a compra (a recuperar)	R$50,05
Valor do ICMS a Recolher	**R$20,96**

Valor do IPI sobre a venda	R$24,80
(-) Valor do IPI sobre a compra (a recuperar)	R$19,86
Valor do IPI a Recolher	**R$4,94**

6) Cálculo do Lucro Bruto da Venda

Preço Final de Venda	R$520,74
(-) Valor do ICMS a Recolher	R$20,96
(-) Valor do IPI a Recolher	R$4,94
(-) Valor de Compra da Mercadoria	R$417,07
Lucro Bruto da Mercadoria	**R$77,77**
Margem de Lucro Bruto	**14,93%**

Exercício Passo a Passo II

A Rapid Shop compra produtos por R$1.500,00, sendo que neste valor estão incluídos o IPI de 136,36 e o ICMS de R$270,00. A empresa utiliza um Markup de 35%.

Elabore a memória de cálculo do preço de venda, do cálculo dos impostos, de sua recuperação e do seu lucro bruto, e de sua margem de lucro. A alíquota de IPI da mercadoria é de 10% e a de ICMS é de 18%.

1) Dados da Nota Fiscal de Compra

Valor de Compra da Mercadoria	R$1.500,00
Valor do IPI	R$136,36
Valor do ICMS	R$270,00
Alíquota de IPI	10%
Alíquota de ICMS	18%

2) Base de Cálculo do IPI

Custo do Produto = Valor de Compra - Imp. Recuperáveis	
Valor de Compra da Mercadoria	
(-) Valor do IPI	
(-) Valor do ICMS	
Custo do Produto	
Base de Cálculo IPI = $\dfrac{\text{Custo do Produto}}{1 - \text{Markup (\%)}}$	
Markup	35%
Base de Cálculo do IPI	

3) Cálculo do Preço Final de Venda e do IPI

Base de Cálculo do IPI	
Alíquota de IPI	
Valor do IPI = Base de Cálculo IPI * Alíquota de IPI	
Valor do IPI	
Preço Final de Venda = Base Cálculo IPI + Valor do IPI	
Preço Final de Venda	

4) Cálculo do ICMS

Base de Cálculo do ICMS	
Alíquota de ICMS	
Alíquota Real ICMS = $\left[\dfrac{1}{(1 - \text{Alíquota de ICMS})}\right] - 1$	
Alíquota Real de ICMS	
Valor do ICMS = Preço Final Venda * Alíquota Real ICMS	
Valor do ICMS	

5) Cálculo dos Impostos a Recolher

Valor do ICMS sobre a venda	
(-) Valor do ICMS sobre a compra (a recuperar)	
Valor do ICMS a Recolher	

Valor do IPI sobre a venda	
(-) Valor do IPI sobre a compra (a recuperar)	
Valor do IPI a Recolher	

6) Cálculo do Lucro Bruto da Venda

Preço Final de Venda	
(-) Valor do ICMS a Recolher	
(-) Valor do IPI a Recolher	
(-) Valor de Compra da Mercadoria	
Lucro Bruto da Mercadoria	
Margem de Lucro Bruto	

Solução

1) Dados da Nota Fiscal de Compra

Valor de Compra da Mercadoria	R$1.500,00
Valor do IPI	R$136,36
Valor do ICMS	R$270,00
Alíquota de IPI	10%
Alíquota de ICMS	18%

2) Base de Cálculo do IPI

Custo do Produto = Valor de Compra - Imp. Recuperáveis	
Valor de Compra da Mercadoria	R$1.500,00
(-) Valor do IPI	R$136,36
(-) Valor do ICMS	R$270,00
Custo do Produto	**R$1.093,64**

$$\text{Base de Cálculo IPI} = \frac{\text{Custo do Produto}}{1 - \text{Markup (\%)}}$$

Markup	35%
Base de Cálculo do IPI	**R$1.682,52**

3) Cálculo do Preço Final de Venda e do IPI

Base de Cálculo do IPI	R$1.682,52
Alíquota de IPI	10%
Valor do IPI = Base de Cálculo IPI * Alíquota de IPI	
Valor do IPI	**R$168,25**
Preço Final de Venda = Base Cálculo IPI + Valor do IPI	
Preço Final de Venda	**R$1.850,77**

4) Cálculo do ICMS

Base de Cálculo do ICMS	R$ 1.850,77
Alíquota de ICMS	18%

$$\text{Alíquota Real ICMS} = [\frac{1}{(1 - \text{Alíquota ICMS})}] - 1$$

Alíquota Real de ICMS	21,95%
Valor do ICMS = Preço Final Venda * Alíquota Real ICMS	
Valor do ICMS	**R$406,27**

5) Cálculo dos Impostos a Recolher

Valor do ICMS sobre a venda	R$406,27
(-) Valor do ICMS sobre a compra (a recuperar)	R$270,00
Valor do ICMS a Recolher	**R$136,27**

Valor do IPI sobre a venda	R$168,25
(-) Valor do IPI sobre a compra (a recuperar)	R$136,36
Valor do IPI a Recolher	**R$31,89**

6) Cálculo do Lucro Bruto da Venda

Preço Final de Venda	R$1.850,77
(-) Valor do ICMS a Recolher	R$136,27
(-) Valor do IPI a Recolher	R$31,89
(-) Valor de Compra da Mercadoria	R$1.500,00
Lucro Bruto da Mercadoria	**R$182,61**
Margem de Lucro Bruto	**9,87%**

Exercício Proposto I

Uma Empresa compra uma determinada mercadoria por R$1.000,00, sendo que neste valor estão incluídos o IPI e o ICMS. A empresa trabalha com um Markup de 35%.

Elabore a memória de cálculo, do preço de venda, do cálculo dos impostos, de sua recuperação e do seu lucro bruto e de sua margem de lucro. A alíquota de IPI da mercadoria é de 10% e a de ICMS é de 19%.

1) Dados da Nota Fiscal de Compra

Valor de Compra da Mercadoria	R$1.000,00
Valor do IPI	R$90,91
Valor do ICMS	R$190,00
Alíquota de IPI	10%
Alíquota de ICMS	19%

2) Base de Cálculo do IPI

Custo do Produto = Valor de Compra - Imp. Recuperáveis	
Valor de Compra da Mercadoria	
(-) Valor do IPI	
(-) Valor do ICMS	
Custo do Produto	
Base de Cálculo IPI $= \dfrac{\text{Custo do Produto}}{1 - \text{Markup (\%)}}$	
Markup	**35%**
Base de Cálculo do IPI	

3) Cálculo do Preço Final de Venda e do IPI

Base de Cálculo do IPI	
Alíquota de IPI	
Valor do IPI = Base de Cálculo IPI * Alíquota de IPI	
Valor do IPI	
Preço Final de Venda = Base Cálculo IPI + Valor do IPI	
Preço Final de Venda	

4) Cálculo do ICMS

Base de Cálculo do ICMS	
Alíquota de ICMS	
Alíquota Real ICMS $= [\dfrac{1}{(1 - \text{Alíquota de ICMS})}] - 1$	
Alíquota Real de ICMS	
Valor do ICMS = Preço Final Venda * Alíquota Real ICMS	
Valor do ICMS	

5) Cálculo dos Impostos a Recolher

Valor do ICMS sobre a venda	
(-) Valor do ICMS sobre a compra (a recuperar)	
Valor do ICMS a Recolher	

Valor do IPI sobre a venda	
(-) Valor do IPI sobre a compra (a recuperar)	
Valor do IPI a Recolher	

6) Cálculo do Lucro Bruto da Venda

Preço Final de Venda	
(-) Valor do ICMS a Recolher	
(-) Valor do IPI a Recolher	
(-) Valor de Compra da Mercadoria	
Lucro Bruto da Mercadoria	
Margem de Lucro Bruto	

EXERCÍCIO PROPOSTO II

Uma Empresa compra uma determinada mercadoria por R$2.000,00, sendo que neste valor estão incluídos o IPI e o ICMS. A empresa trabalha com um Markup de 25%.

Elabore a memória de cálculo do preço de venda, do cálculo dos impostos, de sua recuperação e do seu lucro bruto e de sua margem de lucro. A alíquota de IPI da mercadoria é de 0% e a de ICMS é de 12%.

1) Dados da Nota Fiscal de Compra

Valor de Compra da Mercadoria	R$1.000,00
Valor do IPI	R$0,00
Valor do ICMS	R$120,00
Alíquota de IPI	0%
Alíquota de ICMS	12%

2) Base de Cálculo do IPI

Custo do Produto = Valor de Compra - Imp. Recuperáveis	
Valor de Compra da Mercadoria	
(-) Valor do IPI	
(-) Valor do ICMS	
Custo do Produto	
Base de Cálculo IPI $= \dfrac{\text{Custo do Produto}}{\text{1 - Markup (\%)}}$	
Markup	25%
Base de Cálculo do IPI	

3) Cálculo do Preço Final de Venda e do IPI

Base de Cálculo do IPI	
Alíquota de IPI	
Valor do IPI = Base de Cálculo IPI * Alíquota de IPI	
Valor do IPI	
Preço Final de Venda = Base Cálculo IPI + Valor do IPI	
Preço Final de Venda	

4) Cálculo do ICMS

Base de Cálculo do ICMS	
Alíquota de ICMS	
Alíquota Real ICMS $= [\dfrac{1}{\textbf{(1 - Alíquota de ICMS)}}] - 1$	
Alíquota Real de ICMS	
Valor do ICMS = Preço Final Venda * Alíquota Real ICMS	
Valor do ICMS	

5) Cálculo dos Impostos a Recolher

Valor do ICMS sobre a venda	
(-) Valor do ICMS sobre a compra (a recuperar)	
Valor do ICMS a Recolher	

Valor do IPI sobre a venda	
(-) Valor do IPI sobre a compra (a recuperar)	
Valor do IPI a Recolher	

6) Cálculo do Lucro Bruto da Venda

Preço Final de Venda	
(-) Valor do ICMS a Recolher	
(-) Valor do IPI a Recolher	
(-) Valor de Compra da Mercadoria	
Lucro Bruto da Mercadoria	
Margem de Lucro Bruto	

Exercício Proposto III

Uma Empresa compra mercadoria por R$500,00, sendo que neste valor estão incluídos o IPI e o ICMS. A empresa trabalha com um Markup de 20%.

Elabore a memória de cálculo do preço de venda, do cálculo dos impostos, de sua recuperação e do seu lucro bruto e de sua margem de lucro. A alíquota de IPI da mercadoria é de 5% e a de ICMS é de 7%.

1) Dados da Nota Fiscal de Compra

Valor de Compra da Mercadoria	
Valor do IPI	
Valor do ICMS	
Alíquota de IPI	
Alíquota de ICMS	

2) Base de Cálculo do IPI

Custo do Produto = Valor de Compra - Imp. Recuperáveis	
Valor de Compra da Mercadoria	
(-) Valor do IPI	
(-) Valor do ICMS	
Custo do Produto	
Base de Cálculo IPI $= \dfrac{\text{Custo do Produto}}{1 - \text{Markup (\%)}}$	
Markup	**20%**
Base de Cálculo do IPI	

3) Cálculo do Preço Final de Venda e do IPI

Base de Cálculo do IPI	
Alíquota de IPI	
Valor do IPI = Base de Cálculo IPI * Alíquota de IPI	
Valor do IPI	
Preço Final de Venda = Base Cálculo IPI + Valor do IPI	
Preço Final de Venda	

4) Cálculo do ICMS

Base de Cálculo do ICMS	
Alíquota de ICMS	
Alíquota Real ICMS $= \left[\dfrac{1}{(1 - \text{Alíquota de ICMS})} \right] - 1$	
Alíquota Real de ICMS	
Valor do ICMS = Preço Final Venda * Alíquota Real ICMS	
Valor do ICMS	

5) Cálculo dos Impostos a Recolher

Valor do ICMS sobre a venda	
(-) Valor do ICMS sobre a compra (a recuperar)	
Valor do ICMS a Recolher	

Valor do IPI sobre a venda	
(-) Valor do IPI sobre a compra (a recuperar)	
Valor do IPI a Recolher	

6) Cálculo do Lucro Bruto da Venda

Preço Final de Venda	
(-) Valor do ICMS a Recolher	
(-) Valor do IPI a Recolher	
(-) Valor de Compra da Mercadoria	
Lucro Bruto da Mercadoria	
Margem de Lucro Bruto	

Exercício Proposto IV

Uma revenda de máquinas compra um equipamento por R$180.000,00, sendo que neste valor estão incluídos o IPI e o ICMS. A empresa trabalha com um Markup de 25%.

Elabore a memória de cálculo do preço de venda, do cálculo dos impostos, de sua recuperação e do seu lucro bruto e de sua margem de lucro. A alíquota de IPI da mercadoria é de 25% e a de ICMS é de 12%.

1) Dados da Nota Fiscal de Compra

Valor de Compra da Mercadoria	R$180.000,00
Valor do IPI	R$36.000,00
Valor do ICMS	R$21.600,00
Alíquota de IPI	25%
Alíquota de ICMS	12%

2) Base de Cálculo do IPI

Custo do Produto = Valor de Compra - Imp. Recuperáveis	
Valor de Compra da Mercadoria	
(-) Valor do IPI	
(-) Valor do ICMS	
Custo do Produto	
Base de Cálculo IPI $= \dfrac{\text{Custo do Produto}}{1 - \text{Markup (\%)}}$	
Markup	25%
Base de Cálculo do IPI	

3) Cálculo do Preço Final de Venda e do IPI

Base de Cálculo do IPI	
Alíquota de IPI	
Valor do IPI = Base de Cálculo IPI * Alíquota de IPI	
Valor do IPI	
Preço Final de Venda = Base Cálculo IPI + Valor do IPI	
Preço Final de Venda	

4) Cálculo do ICMS

Base de Cálculo do ICMS	
Alíquota de ICMS	
Alíquota Real ICMS $= [\dfrac{1}{(1 - \text{Alíquota de ICMS})}] - 1$	
Alíquota Real de ICMS	
Valor do ICMS = Preço Final Venda * Alíquota Real ICMS	
Valor do ICMS	

5) Cálculo dos Impostos a Recolher

Valor do ICMS sobre a venda	
(-) Valor do ICMS sobre a compra (a recuperar)	
Valor do ICMS a Recolher	

Valor do IPI sobre a venda	
(-) Valor do IPI sobre a compra (a recuperar)	
Valor do IPI a Recolher	

6) Cálculo do Lucro Bruto da Venda

Preço Final de Venda	
(-) Valor do ICMS a Recolher	
(-) Valor do IPI a Recolher	
(-) Valor de Compra da Mercadoria	
Lucro Bruto da Mercadoria	
Margem de Lucro Bruto	

EXERCÍCIO PROPOSTO V

Uma empresa comercial compra mercadoria por R$32,00, sendo que neste valor estão incluídos o IPI e o ICMS. A empresa trabalha com um Markup de 45%.

Elabore a memória de cálculo do preço de venda, do cálculo dos impostos, de sua recuperação e do seu lucro bruto e de sua margem de lucro. A alíquota de IPI da mercadoria é de 15% e a de ICMS é de 17%.

1) Dados da Nota Fiscal de Compra

Valor de Compra da Mercadoria	R$32,00
Valor do IPI	R$4,17
Valor do ICMS	R$5,44
Alíquota de IPI	15%
Alíquota de ICMS	17%

2) Base de Cálculo do IPI

Custo do Produto = Valor de Compra - Imp. Recuperáveis	
Valor de Compra da Mercadoria	
(-) Valor do IPI	
(-) Valor do ICMS	
Custo do Produto	
Base de Cálculo IPI $= \dfrac{\text{Custo do Produto}}{1 - \text{Markup (\%)}}$	
Markup	45%
Base de Cálculo do IPI	

3) Cálculo do Preço Final de Venda e do IPI

Base de Cálculo do IPI	
Alíquota de IPI	
Valor do IPI = Base de Cálculo IPI * Alíquota de IPI	
Valor do IPI	
Preço Final de Venda = Base Cálculo IPI + Valor do IPI	
Preço Final de Venda	

4) Cálculo do ICMS

Base de Cálculo do ICMS	
Alíquota de ICMS	
Alíquota Real ICMS $= \left[\dfrac{1}{(1 - \text{Alíquota de ICMS})} \right] - 1$	
Alíquota Real de ICMS	
Valor do ICMS = Preço Final Venda * Alíquota Real ICMS	
Valor do ICMS	

5) Cálculo dos Impostos a Recolher

Valor do ICMS sobre a venda	
(-) Valor do ICMS sobre a compra (a recuperar)	
Valor do ICMS a Recolher	

Valor do IPI sobre a venda	
(-) Valor do IPI sobre a compra (a recuperar)	
Valor do IPI a Recolher	

6) Cálculo do Lucro Bruto da Venda

Preço Final de Venda	
(-) Valor do ICMS a Recolher	
(-) Valor do IPI a Recolher	
(-) Valor de Compra da Mercadoria	
Lucro Bruto da Mercadoria	
Margem de Lucro Bruto	

Exercício Proposto VI

Uma empresa comercial compra mercadoria por R$4,50, sendo que neste valor estão incluídos o IPI e o ICMS. A empresa trabalha com um Markup de 45%.

Elabore a memória de cálculo do preço de venda, do cálculo dos impostos, de sua recuperação e do seu lucro bruto, e de sua margem de lucro. A alíquota de IPI da mercadoria é de 12% e a de ICMS é de 17%.

1) Dados da Nota Fiscal de Compra

Valor de Compra da Mercadoria	R$4,50
Valor do IPI	R$0,48
Valor do ICMS	R$0,77
Alíquota de IPI	12%
Alíquota de ICMS	17%

2) Base de Cálculo do IPI

Custo do Produto = Valor de Compra - Imp. Recuperáveis	
Valor de Compra da Mercadoria	
(-) Valor do IPI	
(-) Valor do ICMS	
Custo do Produto	
Base de Cálculo IPI $= \dfrac{\text{Custo do Produto}}{\text{1 - Markup (\%)}}$	
Markup	45%
Base de Cálculo do IPI	

3) Cálculo do Preço Final de Venda e do IPI

Base de Cálculo do IPI	
Alíquota de IPI	
Valor do IPI = Base de Cálculo IPI * Alíquota de IPI	
Valor do IPI	
Preço Final de Venda = Base Cálculo IPI + Valor do IPI	
Preço Final de Venda	

4) Cálculo do ICMS

Base de Cálculo do ICMS	
Alíquota de ICMS	
Alíquota Real ICMS = $[\dfrac{1}{\text{(1 - Alíquota de ICMS)}}] - 1$	
Alíquota Real de ICMS	
Valor do ICMS = Preço Final de Venda * Alíquota Real ICMS	
Valor do ICMS	

5) Cálculo dos Impostos a Recolher

Valor do ICMS sobre a venda	
(-) Valor do ICMS sobre a compra (a recuperar)	
Valor do ICMS a Recolher	

Valor do IPI sobre a venda	
(-) Valor do IPI sobre a compra (a recuperar)	
Valor do IPI a Recolher	

6) Cálculo do Lucro Bruto da Venda

Preço Final de Venda	
(-) Valor do ICMS a Recolher	
(-) Valor do IPI a Recolher	
(-) Valor de Compra da Mercadoria	
Lucro Bruto da Mercadoria	
Margem de Lucro Bruto	

CUMULATIVIDADE E RECUPERAÇÃO DE IMPOSTOS

Guia Visual da Contabilidade

SEÇÃO 8
REFERÊNCIAS BIBLIOGRÁFICAS

Guia Visual da Contabilidade

REFERÊNCIAS BIBLIOGRÁFICAS

Amed, Fernando J., Negreiros, Plínio J. L. C. *História dos Tributos no Brasil*. FINAFRESP. 2012. Brasil. Tabela de Incidência do Imposto Sobre Produtos Industrializados (Tipi). Versão 2012. Disponível no sítio <http://idg.receita.fazenda. gov.br/acesso-rapido/tributos/tipi/tipi>. Acesso em 07/06/2015.

Borges, Olavo; Machado, João Carlos Ferreira. *Projeto FIESP / SERASA - Glossário dos índices econômico-financeiros.* Disponível em <http://az545403.vo.msecnd.net/uploads /2012/05/glossario_indices.pdf>. Acesso em 10/01/2012.

Brasil. *Código Tributário Nacional*. Lei Nº 5.172, de 25 de outubro de 1966. Disponível no sítio <http://www.planalto.gov. br/ccivil_03/leis/L5172.htm>. Acesso em 06/09/2015.

Brasil. *Constituição da República Federativa do Brasil de 1988.* Disponível no sítio <http://www.planalto.gov.br/ccivil_03/ Constituicao/Constituicao.htm>. Acesso em 06/09/2015.

Brasil. *Decreto nº 7.212, de 15 de junho de 2010*. Disponível no sítio <http://www.planalto.gov.br/ccivil_03/_Ato2007-2010/2010/Decreto/D7212.htm#art617>. Acesso em 06/09/2015.

Brasil. Instrução Normativa da Secretaria da Receita Federal nº 1700, de 14 de março de 2017. Disponível no sítio <http://normas.receita.fazenda.gov.br/sijut2consulta/link. action?idAto=81268&visao=anotado>. Acesso em 28/02/2018.

Brasil. *Instrução Normativa da Secretaria da Receita Federal SRF Nº 162, de 31 de dezembro de 1998*. Disponível no sítio <http://normas.receita.fazenda.gov.br/ sijut2consulta/link. action?visao=anotado&idAto=15004>. Acesso em 07/06/2015.

Brasil. *Lei Complementar Nº 87, de 13 de setembro de 1996.* Disponível no sítio <http://www.planalto.gov.br/ ccivil_03/ Leis/LCP/Lcp87.htm>. Acesso em 07/06/2015.

Brasil. Tabela de Incidência do Imposto Sobre Produtos Industrializados (Tipi). Versão 2012. Disponível no sítio <http: //idg.receita.fazenda.gov.br/acesso-rapido/tributos/tipi/tipi> Acesso em 07/06/2015

Canvas World - Canvas para diferentes aplicações. Disponível em <http://www.canvasworld.com.br/#!catlogo-de-canvas/ cmcf>. Acesso em 06/09/2015.

Ching, Hiong Yuh; Marques, Fernando; Prado, Luciene. Contabilidade & Finanças para não especialistas. 3ª Edição. Pearson. São Paulo. 2010.

Conselho Federal de Contabilidade. Resolução CFC Nº 1.282 de 28/05/2010. Disponível em <http://www.cfc.org.br/sisweb/ sre/detalhes_sre.aspx?Codigo=2010/001282>. Acesso em 06/09/2015.

CVM. Deliberação. n° 539. Pronunciamento Conceitual Básico de 14/03/08. Disponível em <http://www.cvm.gov.br/export/sites/cvm/legislacao/deli/anexos/0500/deli539.pdf>. Acesso em 07/09/2015.

Finocchio Junior, José. *Project Model Canvas* - Gerenciamento de Projetos Sem Burocracia. São Paulo. Elsevier. 2013.

Marion, José Carlos. Contabilidade Básica. 10ª Edição. Editora Atlas. 2009.

Osterwalder, Alexander; Pigncur, Yves. *Business Model Generation* - Inovação em Modelos de Negócios. Alta Books. 2011.

Pacioli, Luca. Summa de Arithmetica, Geometria, Proportioni et Proportionalità. 1494.

Portal Tributário. *Os tributos no Brasil*. Disponível em <http://www.portaltributario.com.br/tributos.htm>. Acesso em 24/03/2016.

PWC - *Paying Taxes 2016*. 10th edition. Disponível em <http://www.pwc.com/payingtaxes> . Acesso em 24/03/2016.

SEÇÃO 9
ANEXOS

Guia Visual da Contabilidade

RAZONETES, DÉBITOS E CRÉDITOS

Neste livro não foi utilizado em nenhum outro local o razonete

Esse recurso didático não foi utilizado porque ao invés de usá-lo para a contabilização das transações, foi utilizada a própria planilha CANVAS, sendo os lançamentos contábeis inseridos diretamente nas Demonstrações Financeiras.

Porém, eles serão apresentados nesse anexo, para que o leitor tenha noções de seu mecanismo.

O conceito de Débito e Crédito também não foi utilizado, uma vez que foi considerado o crescimento e decrescimento de cada conta. Para efetuar os lançamentos, foram utilizados sinais positivos e negativos nos valores.

O razonete é uma forma de representar os lançamentos de uma determinada conta contábil. Ele pode ser representado por um *T*. É criado um razonete para cada conta. Em cima se descreve o nome da conta contábil. Do lado esquerdo se faz lançamentos a "Débito" e do lado direito lançamentos a "Crédito". Os valores são colocados nas duas colunas principais.

[SI] Na linha superior tem-se o Saldo Inicial, que é o Saldo Final da conta no período anterior.

[1] [2] [3] [4] [5] Os números nas duas laterais, mostram qual transação o lançamento representa.

[SF] Na última linha tem-se o Saldo Final, que é a soma do Saldo Inicial e de todos os lançamentos.

O comportamento dos razonetes são diferentes dependendo se a conta pertence ao Ativo ou ao Passivo.

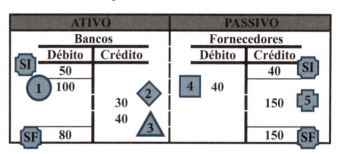

As contas do Ativo crescem com lançamentos do lado do Débito, ou seja, os bens, que são representados no Ativo, passam a valer mais com lançamentos a Débito. Um lançamento do lado do Crédito, em uma conta do Ativo, representa uma diminuição nos bens da empresa.

O comportamento no Passivo é ao contrário. As contas crescem com lançamentos do lado do Crédito, ou seja as dívidas da empresa aumentam a cada lançamento à Crédito. Os lançamentos a Débito no Passivo representam uma diminuição nas dívidas da empresa.

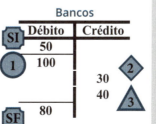

Sequência de montagem dos razonetes
Deve-se ter um razonete para cada conta contábil

Em primeiro lugar, se transferem os saldos finais do período anterior, extraídos do balancete de verificação, para o Saldo Inicial (SI) dos razonetes.

No exemplo, para a transação de número 3: Pagamento de fornecedores no valor de R$40, com cheque, temos os seguintes lançamentos:

Atente que se a conta contábil for do ATIVO e o saldo for positivo, o valor é lançado do lado do DÉBITO. Caso o saldo seja negativo, o que é raro, o valor é lançado do lado do CRÉDITO.

Caso a conta contábil seja do PASSIVO e o saldo for positivo, o valor é lançado do lado do CRÉDITO.

Caso o saldo seja negativo, o que é raro, o valor é lançado do lado do DÉBITO.

Após a transferência dos Saldos Iniciais, inicia-se os lançamentos das transações.

De acordo com o método de partida dobrada, para cada transação deve ser feito no mínimo, dois lançamentos.

A soma dos valores lançados a DÉBITO deve ser igual à soma dos valores lançados a CRÉDITO.

Bancos	
Débito	Crédito
SI 100	

Bancos	
Débito	Crédito
100	
100	60
	40 1

Empréstimos L.P.	
Débito	Crédito
	50 SI

Fornecedores	
Débito	Crédito
	40
2 40	

Bancos	
Débito	Crédito
100	
100	60
	40
	100 SF

1 Como o pagamento foi em cheque e diminuiu o saldo da conta Bancos, e por esta conta ser do ativo, é feito um lançamento a CRÉDITO no valor de R$40.

2 A contrapartida é um lançamento na conta Fornecedores. Como se está pagando a dívida, esta diminuirá, e por ser uma conta do Passivo, se lança o valor de R$40 no lado do DÉBITO.

SF Continua-se lançados todas as transações. Após o término se apuram os saldos finais de cada conta. Este saldo é calculado somando-se os saldos iniciais com os lançamentos do mesmo lado e subtraindo-se os lançamentos de lados opostos.

Exemplo de contabilização utilizando os razonetes

Contas	Saldos	CONSTRUIR O BALANÇO A PARTIR DAS TRANSAÇÕES ABAIXO (Valores em R$1.000,00)
Capital Social	R$300	No período de X8 ocorreram as seguintes transações:
Imóveis em Uso	R$200	**1** Aumento de capital no valor de R$150, sendo R$100 depositado no banco, e o resto a receber em futuro próximo.
Bancos c/ Movimento	R$100	
Títulos a Receb. L.P.	R$70	**2** Compra de matéria prima à vista por R$60 com cheque.
Instalações	R$50	
Particip. Outras Cias.	R$80	**3** Pagamento de fornecedores no valor de R$40 com cheque.
Veículos	R$30	
Fornecedores	R$40	**4** Pagamento dos salários no valor de R$10 em cheque.
Empr. Bancár. L.P.	R$50	
Imp. Renda a Pagar	R$30	**5** Compra de um veículo por R$150 a prazo.
Salários a Pagar	R$10	
Lucros Acumulados	R$100	**6** Venda do imóvel por R$200 em Longo Prazo.
		7 Compra de móveis R$50 a prazo.
		8 Deposito de R$50 dos acionistas.
		9 Pagamento de R$50 para os fornecedores.

RAZONETES, DÉBITOS E CRÉDITOS

Razonetes

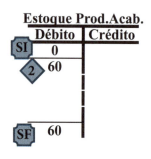
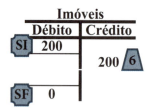

Transferência dos Saldos Finais para o Balanço Patrimonial

Por fim, os Saldos Finais (SF) de todos os razonetes que tenham saldo são transferidos para o Balanço Patrimonial e para a Demonstração de Resultados do Exercício.

Bancos	
Débito	Crédito
SF 90	

Estoque Prod.Acab.	
Débito	Crédito
SF 60	

Títulos a Rec.L.P.	
Débito	Crédito
SF 270	

Instalações	
Débito	Crédito
SF 50	

Móveis/utensílios	
Débito	Crédito
SF 50	

Veículos	
Débito	Crédito
SF 180	

Participações	
Débito	Crédito
SF 80	

Fornecedores	
Débito	Crédito
	150 SF

Impostos a Pagar	
Débito	Crédito
	30 SF

Empréstimo L.P.	
Débito	Crédito
	50 SF

Capital	
Débito	Crédito
	450 SF

Lucro/Prejuízo Acum.	
Débito	Crédito
	100 SF

BALANÇO PATRIMONIAL (Valores em R$1.000,00)

ATIVO	S.F.	PASSIVO	S.F.
Ativo Circulante		**Passivo Circulante**	
Bancos	90	Fornecedores	150
Contas a Receber		Impostos a Pagar	30
Estoque Prod.Acab.	60	Salários a Pagar	
Estoque Mat.Prima		Aluguéis a Pagar	
Total Ativo Circulante	**150**	**Total Passivo Circulante**	**180**
Ativo Não Circulante-Realizável		**Passivo Não Circulante-Exigível**	
Títulos a Rec.L.P.	270	Empréstimos L.P.	50
Total Realizável Não Circ.	**270**	**Total Exigível Não Circ.**	**50**
Ativo Permanente		**Patrimônio Líquido**	
Instalações	50	Capital	450
Móveis/utensílios	50	Lucro/Prej.Acum.	100
Veículos	180	Reservas	
Participações	80	Lucro Líquido/Retido	
Total Permanente	**360**	**Patrimônio Líquido**	**550**
Total do Ativo	**780**	**Total do Passivo**	**780**

Guia Visual da Contabilidade

RESUMO DO MÉTODO DE CONTABILIZAÇÃO - I

Este é um resumo para se efetuar uma contabilização utilizando o método Canvas Accounting

BALANCETE DE VERIFICAÇÃO

Caixa	150
Bancos	50
Contas a Receber	48
Estoque Pr.Acab.	96
....	....

BALANÇO PATRIMONIAL

ATIVO	S.I.	S.F.
Ativo Circulante		
Caixa	150	
Bancos	50	
Contas a Receber	48	
Estoque Pr.Acab.	96	
....		

SALDOS INICIAIS

1) Inicia-se lançando os Saldos Iniciais a partir dos Saldos Finais do período anterior.

Esses Saldos Finais se encontram no Balancete de Verificação ou no Balanço Patrimonial do exercício contábil anterior.

TRANSFERÊNCIA DO S.I. DO CAIXA E BANCOS

2) No caso de se estar construindo uma Demonstração Financeira com Fluxo de Caixa é necessário transferir a soma dos Saldos Iniciais das contas Caixa e Bancos para o "Caixa/Bancos - SI" das Disponibilidades Financeiras da Demonstração de Fluxo de Caixa.

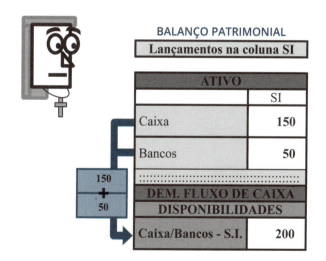

RESUMO DO MÉTODO DE CONTABILIZAÇÃO - II

PARTIDA DOBRADA

3) A ideia por traz da partida dobrada é mostrar a origem (ou origens) dos recursos e também o destino (ou destinos) dos mesmos.

Exemplo ao lado: Origem dos recursos: Caixa, que diminuiu pelo pagamento (sinal negativo).

Destino dos recursos: Pagamento da dívida para com os fornecedores, a dívida diminuiu (sinal negativo).

BALANÇO PATRIMONIAL

ATIVO		PASSIVO	
	8		8
Caixa	(80)	Fornecedores	(80)

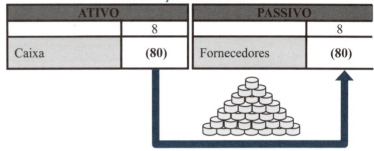

EQUILÍBRIO CONTÁBIL

4) Seguindo a regra das partidas dobradas sempre o total do ativo será igual ao total do passivo.

Total do Ativo = Total do Passivo

BALANÇO PATRIMONIAL (valores em R$1.000,00)

ATIVO		PASSIVO	
	S.F.		S.F.
Ativo Circulante		**Passivo Circulante**	
Caixa	12	Salários a Pagar	21
Estoques	35	Empréstimo	14
Total Ativo Circulante	**47**	**Total Passivo Circulante**	**35**
Ativo Não Circ.-Realizável		**Passivo Não Circ.-Exigível**	
Títulos a Rec.L.P.	3	Aluguéis a L.P.	8
Total Realizável.	**3**	**Total Exigível Não Circ.**	**8**
Ativo Não Circ.-Permanente		**Patrimônio Líquido**	
Instalações	20	Capital	37
Veículos	14	Lucro Líquido/Retido	4
Total Permanente	**34**	**Patrimônio Líquido**	**41**
Total do Ativo	**84**	**Total do Passivo**	**84**

Guia Visual da Contabilidade

RESUMO DO MÉTODO DE CONTABILIZAÇÃO - III

REGRA DE SINAIS

ATIVO	PASSIVO
Bens e Direitos	Dívidas e Obrigações
+ Aumento dos Bens	**+** Aumento das Dívidas
− Diminuição dos Bens	**−** Diminuição das Dívidas

FLUXO DE CAIXA	DRE
Dinheiro em Caixa e Bancos	Lucro
+ Aumento do Caixa	**+** Aumento do Lucro
− Diminuição do Caixa	**−** Diminuição do Lucro

Total do Ativo = Total do Passivo

REGRA DE SINAIS DOS LANÇAMENTOS

5) O sinal dos lançamentos contábeis devem seguir a lógica do aumento ou da diminuição das características do grupo de contas de onde for feito o lançamento, conforme o quadro ao lado.

Para dois lançamentos em uma mesma transação temos a seguinte regra:

Caso a transação exija um lançamento no ativo e outro no passivo as duas transações deverão ter os mesmos sinais.

Ativo	Passivo		Ativo	Passivo
+	**+**		**−**	**−**

Caso a transação tenha dois lançamentos no ativo ou dois no passivo, estes lançamentos deverão ter sinais contrários.

Ativo	Passivo		Ativo	Passivo
±				**±**

RESUMO DO MÉTODO DE CONTABILIZAÇÃO - IV

FECHAMENTO DO PERÍODO

6) Após o lançamento de todas as transações do período deve-se proceder os dois lançamentos contábeis de encerramento, que são:

① A transferência do saldo do "Lucro Líq. / Retido" da DRE para a conta do Patrimônio Líquido "Lucro Líq./Retido".

② Por fim, da mesma forma que se transfere o "Lucro Líquido" do DRE para sua conta de lucro no Patrimônio Líquido, deve-se transferir o Saldo Final da Demonstração de Fluxo de Caixa para o S.F. da conta "Caixa e Bancos" do Ativo Circulante.

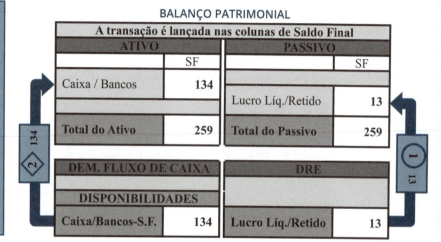

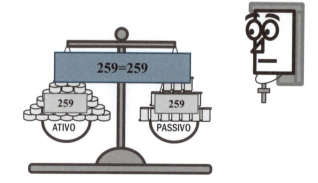

Guia Visual da Contabilidade

RESUMO DO MÉTODO DE CONTABILIZAÇÃO - IV

ROTAPLAN
GRÁFICA E EDITORA LTDA

Rua Álvaro Seixas, 165
Engenho Novo - Rio de Janeiro
Tels.: (21) 2201-2089 / 8898
E-mail: rotaplanrio@gmail.com